企业财务管理与内部审计研究

崔 改　姜小花　刘玉松　著

中国商业出版社

图书在版编目（CIP）数据

企业财务管理与内部审计研究 / 崔改，姜小花，刘玉松著. -- 北京：中国商业出版社，2022.6
ISBN 978-7-5208-2089-9

Ⅰ.①企… Ⅱ.①崔…②姜…③刘… Ⅲ.①企业管理-财务管理-研究②企业管理-内部审计-研究 Ⅳ.①F275②F239.45

中国版本图书馆 CIP 数据核字（2022）第 107230 号

责任编辑：袁开春

中国商业出版社出版发行
（www.zgsycb.com 100053 北京广安门内报国寺 1 号）
总编室：010-63180647 编辑室：010-63033100
发行部：010-83120835/8286
新华书店经销
北京虎彩文化传播有限公司印刷

*

710 毫米×1000 毫米 16 开 12.75 印张 219 千字
2022 年 6 月第 1 版 2022 年 6 月第 1 次印刷
定价：50.00 元

* * * *

（如有印装质量问题可更换）

随着我国社会主义市场经济的深入发展和国内外经济环境的变化，财政、税收、会计和审计等相关法规制度不断改革和完善，对财务会计和审计管理工作提出了更多、更高的要求，也促使财务会计和审计管理理论与实务在近年来获得较大进展。

财务管理在企业的日常管理中发挥着重要作用。为适应日益激烈的市场竞争，企业应该结合自身实际情况，改变落后的财务管理方式，逐渐形成一套自己的财务经营管理方法。

做好财务管理工作的核心在于控制，具体包括组织控制、权限管控和人员管理等。只有做好有效的财务控制，才能实现一体化经营管理，创设综合效益。企业财务管理工作应全面突出战略性，做好战略性财务管理关系到企业的持久生存与发展。为了在市场竞争中占据主动地位，企业必须优化日常经营管理，协调各方关系，清晰职能岗位，激发企业综合规模效应，体现发展优势，由整体及局部、长远及短期等较多视角考量企业的生产经营等活动。

企业内部审计工作主要是对财务会计的健全性、具体收支状况、发展经营目标实现情况、年度资产的具体质量水平与领导考核标准的履行状况进行审计。专项核查工作主要针对财务报销状况、企业存货状况、租赁管理状况、盈利水平等展开调查，衡量购销合同的具体签署状况，审批文件是否契合规定等。专项审计则主要是对企业经济责任、执行内部状况的审计管理，对经营人员任职期间取得的绩效进行审计，对企业单位改制过程的审计，对企业停业整修、具体项目工程或单独部门进行审计。

本书根据我国社会主义市场经济发展和会计改革的客观需要，充分借鉴国际审计惯例，按照会计准则与审计准则国际趋同的要求，反映我国企业财务会计和审计管理理论与实务发展的现状，在总结其基本经验的基础上，重新架构现代企业财务会计和审计管理工作的理论、内容和方法。

由于笔者水平有限，书中难免有疏漏和不妥之处，恳请广大读者批评指正。

作　者

2021 年 10 月

第一章　企业财务会计管理的基本概述	1
第一节　企业财务会计管理的概念	1
第二节　企业财务会计管理的目标	6
第三节　企业财务会计管理与金融市场	11
第二章　企业财务报表分析及应用	13
第一节　企业财务会计报表分析概述	13
第二节　财务会计报表分析的方法	24
第三节　财务会计报表分析的种类与功能	28
第三章　长期筹资管理	48
第一节　长期筹资概述	48
第二节　股票筹资	54
第三节　债务筹资	60
第四章　短期筹资管理	74
第一节　短期筹资概述	74
第二节　商业信用	78
第三节　短期借款	80
第四节　短期融资券	85

第五章 企业财务审计的基本概念 …… 91
第一节 企业财务审计的含义、特征及作用 …… 91
第二节 企业财务审计的目标与内容 …… 97
第三节 企业财务审计的过程与程序 …… 102

第六章 内部审计质量控制 …… 107
第一节 内部审计质量控制概述 …… 107
第二节 内部审计质量评估办法 …… 110
第三节 内部审计质量评估流程 …… 114
第四节 内部审计质量控制的现状问题及对策 …… 119

第七章 风险评估 …… 122
第一节 企业风险简述 …… 122
第二节 企业的风险识别 …… 134
第三节 企业的风险评估 …… 139
第四节 企业的风险应对 …… 148

第八章 利润分配的管理 …… 152
第一节 利润和利润分配的管理 …… 152
第二节 股利政策 …… 164
第三节 股票分割和股票回购 …… 173

第九章 新经济环境下企业财务会计管理的信息化发展 …… 178
第一节 信息技术对财务管理的影响 …… 178
第二节 财务管理信息系统的建设 …… 184

参考文献 …… 196

企业财务会计管理的基本概述

第一节 企业财务会计管理的概念

一、财务会计管理的内容

财务会计管理是企业管理的一个组成部分,它是根据财经法规制度,按照财务管理的原则,组织企业财务活动,处理财务关系的一项经济管理工作。企业的基本活动是从资本市场上筹集资本,投资于生产性经营资产,并运用这些资本进行生产经营活动。因此,企业的基本活动可以分为投资、筹资和营业活动几个方面,财务管理主要与投资和筹资有关。

从财务管理角度看,投资可以分为长期投资和短期投资,筹资也可以分为长期筹资和短期筹资,这样财务管理的内容可以分为四个部分:长期投资、短期投资、长期筹资、短期筹资。由于短期投资和短期筹资有密切关系,通常合并在一起讨论,称为营运资本管理(或短期财务管理)。

(一)筹资管理

长期筹资是指企业筹集生产经营所需要的长期资本。它具有以下特点。

1. 筹资的主体是企业

企业是有别于业主的独立法人。它可以在资本市场上筹集资本,同时承诺提供回报。企业既可以直接在资本市场上向潜在的资本所有权人融资，如发行股票、债券等，也可通过金融机构间接融资，如向银行借款等。

2. 筹资的对象是长期资本

长期资本是指企业可长期使用的资本，包括权益资本和长期负债资本。权益资本不需要归还，企业可以长期使用，属于长期资本。长期借款和长期债券虽然需要归还，但是可以持续使用较长时间，也属于长期资本。我们一般把一年以上的债务称为长期债务资本。

长期筹资还包括股利分配，股利分配决策同时也是内部筹资决策。净利润是属于股东的，应该分配给他们，留存一部分收益而不将其分给股东，实际上是向现有股东筹集权益资本。

3. 筹资的目的是满足公司的长期资本需要

筹集多少长期资本，应根据长期资本的需要量确定，两者应当匹配。按照投资持续时间结构去安排筹资时间结构，有利于降低利率风险和偿债风险。如果使用短期债务支持固定资产购置，短期债务到期时企业要承担出售固定资产偿债的风险。使用长期债务支持长期资产，可以锁定利息支出，避免短期利率变化的风险。

长期筹资决策的主要问题是资本结构决策和股利分配决策。长期债务资本和权益资本的特定组合，称为资本结构。债务资本和权益资本有很大不同，企业必须对它们进行权衡，确定适宜的长期负债/权益比。这个比例决定了企业现金流中有多大比例流向债权人，以及有多大比例流向股东。资本结构决策是最重要的筹资决策。股利分配决策主要是决定净利润留存和分给股东的比例，也是一项重要的筹资决策。

（二）投资管理

这里的长期投资，是指企业对经营性长期资产的直接投资。它具有以下特点。

1. 投资的主体是公司

企业投资不同于个人或专业投资机构的投资。企业投资是直接投资，即现金直接投资于经营性（或称生产性）资产，然后用其开展经营活动并获取现金。个人或专业投资机构是把现金投资于企业，然后企业用这些现金再投资于经营资产，属于间接投资。直接投资的投资人（企业）在投资以后继续控制实物资产，因此，可以直接控制投资回报；间接投资的投资人（企业的债权人和股东）在投资以后不直接控制经营性资产，只能通过契约或更换代理人间接控制投资回报。

2. 投资的对象是经营性资产

经营性资产包括建筑物、厂房、机器设备、存货等，经营性资产投资有别于金融资产投资。金融资产投资的对象主要是股票、债券、各种衍生金融工具等，习惯上称为证券投资。经营资产和证券投资的分析方法不同，前者的核心是净现值原理，后者的核心是投资组合原理。

经营性资产投资的对象，包括固定资产和流动资产两类。固定资产投资的现金流出至现金流入的时间超过1年，属于长期投资；流动资产投资的现金流出至现金流入的时间不超过1年，属于短期投资。长期投资和短期投资的原则、程序和方法有较大区别，因此要分别讨论。

3. 长期投资的直接目的是获取经营活动所需要的实物资源，以便运用这些资源赚取营业利润

长期投资的直接目的不是获取固定资产的再出售收益，而是要使用这些固定资产。有的企业也会投资于其他企业，主要目的是控制其经营和资产以增加本企业的价值，而不是为了获取股利。

企业对于子公司的股权投资是经营性投资，目的是控制其经营，而不是期待再出售收益。合并报表将这些股权投资抵消，可以显示其经营性投资的本来面目。对子公司投资的评价方法，与直接投资经营性资产相同。对于合营企业和联营企业的投资也属于经营性投资，其分析方法与直接投资经营性资产相同。非金融企业长期持有少量股权证券或债券，在经济上缺乏合理性，没有取得正的净现值的依据，不如让股东自己去投资，还可以节约一些交易成本。有时企业也会购买一些风险较低的证券，将其作为现金的替代品，其目的是在保持流动性的前提下降低闲置现金的机会成本，或者对冲汇率、利率等金融风险，并非真正意义上的证券投资行为。

长期投资涉及的问题非常广泛，财务经理主要关心其财务问题，也就是现金流量的规模（期望回收多少现金）、时间（何时回收现金）和风险（回收现金的可能性如何）。长期投资现金流量的计划和管理过程，称为资本预算。

(三) 营运资本管理

营运资本是指流动资产和流动负债的差额。

营运资本管理分为营运资本投资和营运资本筹资两部分。营运资本投资管理

主要是制定营运资本投资政策，决定分配多少资本用于应收账款和存货，决定保留多少现金以备支付，以及对这些资本进行日常管理。营运资本筹资管理主要是制定营运资本筹资政策，决定向谁借入短期资本，借入多少短期资本，是否需要采用赊购融资等。

营运资本管理的目标有以下三个：一是有效运用流动资产，力求其边际收益大于边际成本；二是选择最合理的筹资方式，最大限度地降低营运资本的资本成本；三是加速流动资本周转，以尽可能少的流动资本支持同样的营业收入并保持企业支付能力。

营运资本管理与营业现金流有密切关系。由于营业现金流的时间和数量具有不确定性，以及现金流入和流出在时间上不匹配，使企业经常会出现现金流缺口。企业配置较多的营运资本，有利于减少现金流的缺口，但会增加资本成本；如果企业配置较少的营运资本，有利于节约资本成本，但会增加不能及时偿债的风险。因此，企业需要根据具体情况权衡风险和报酬，制定适当的营运资本政策。

上述三部分内容中，长期投资主要涉及资产负债表的左方下半部分的项目，这些项目的类型和比例往往会因企业所处行业不同而有差异；长期筹资主要涉及资产负债表的右方下半部分的项目，这些项目的类型和比例往往会因企业组织的类型不同而有差异；营运资本管理主要涉及资产负债表的上半部分的项目，这些项目的类型和比例既和行业有关，也和组织类型有关。这三部分内容是相互联系、相互制约的。筹资和投资有关，一方面，企业投资决定需要筹资的规模和时间，另一方面，企业已经筹集到的资本制约了企业投资的规模。投资和经营有关，一方面，企业生产经营活动的内容决定了需要投资的长期资产类型，另一方面，企业已经取得的长期资产决定了企业日常经营活动的特点和方式。长期投资、长期筹资和营运资本管理的最终目的，都是增加企业价值。

二、财务会计管理原则

财务会计管理原则是企业财务会计管理工作必须遵循的准则。它是从企业理财实践中抽象出来的并在实践中证明是正确的行为规范，反映着理财活动的内在要求。企业财务会计管理原则主要包括如下内容。

（一）货币时间价值原则

在践行货币时间原则的过程中，要积极落实切实有效的控制机制，将货币时间价值作为财务会计管理工作的基本概念,从而有效优化财务决策全过程。在时间推移的基础上,实现货币增值的目标。也就是说,企业在从事财务活动的同时,为了进一步落实资金流管理机制,要对货币时间价值不同时间点的资金流展开折算处理,落实决策取舍工作。

(二) 系统性原则

系统性原则包括整体观点、关联观点、环境适应性观点和发展观点。其中,整体观点要求财务会计管理从整体入手,统筹兼顾,各方协调,实现企业收益的最大化;关联观点是指在财务理论的创新过程中,必须建立企业各部门之间的有机联系,达到目标统一、方法合理的目的;环境适应性是指创新的财务管理理论必须适应全球经济一体化和市场经济的大环境;发展观点则是指创新时必须具有一定的前瞻性,以适应我国将来经济形势变化的需要。

(三) 批判与继承相结合原则

我国计划经济时代的财务管理理论体系,已经不能适应新时代市场经济快速健康合理的发展需要。但是,其中所包含的马克思主义思想、辩证唯物主义的世界观和方法论,以及我国传统文化思想中的理财思想和理财经验,却是新时代财务管理理论创新过程中应该继承和发扬的。因此,要以批判与继承相结合原则为指导思想,改革一些整体上不能适应市场经济发展要求的财务管理理论,对于那些仍具有先进性和实用性的具体方法,给予应有的保留。

(四) 吸收国外先进思想与中国国情相结合原则

现代企业的财务管理理论起源于西方的资本主义经济体制,经过不断的发展与完善,形成了市场经济体制下的现代财务管理理论。我国虽然经过了40多年的改革开放,但现有的市场经济体制尚未成熟,盲目照搬西方资本主义国家的财务管理理论,并不能对我国的企业财务管理实践产生有益的作用。因此,在进行财务管理理论创新时,要作到兼收并蓄,吸取西方财务管理理论中的精华,结合我国的经济发展实情,建立中国特色社会主义的现代企业财务管理理论。

(五) 风险、成本和收益均衡原则

财务主体在财务活动建立和运行过程中,要衡量财务主体风险要素、成本要素以及收益关系等,在增加收益的同时,减少成本的损耗。也就是说,在收益相同的条件下要集中选择方案,选择风险较小且收益较高的项目。

(六) 利益关系协调原则

企业是由各种利益集团组成的经济联合体。这些经济利益集团主要包括企业

的所有者、经营者、债权人、债务人、国家税务机关、消费者、企业内部各部门和职工等。利益关系协调原则要求企业协调、处理好与各利益集团的关系，切实维护各方的合法权益，将按劳分配、按资分配、按知识和技能分配、按绩分配等多种分配要素有机结合起来。只有这样，企业才能营造一个内外和谐、协调的发展环境，充分调动各有关利益集团的积极性，最终实现企业价值最大化的财务管理目标。

第二节　企业财务会计管理的目标

目标是指导方向和标准，没有明确的目标，就无法判断一项决策的优劣。财务管理的目标决定了它所采用的原则、程序和方法。因此，财务会计管理的目标是建立财务管理体系的逻辑起点。

一、企业财务会计管理目标

企业财务会计管理的基本目标取决于企业的目标。投资者创立企业的目的是营利。已经创立起来的企业，虽然有改善职工待遇、改善劳动条件、扩大市场份额、提高产品质量、减少环境污染等多种目标，但营利是其最基本、最一般、最重要的目标。营利不但体现了企业的出发点和归宿，而且可以概括其他目标的实现程度，并有助于其他目标的实现。最具综合性的计量是财务计量，因此，企业目标也称为企业的财务目标。在本书以后的论述中，把财务会计管理目标、财务目标和企业目标作为同义语使用。关于企业目标的表达，主要有以下三种观点。

（一）企业财务会计管理目标的种类

1. 利润最大化

利润最大化的观点认为，利润代表了企业新创造的财富，利润越多则说明企业的财富增加得越多，越接近企业的目标。利润最大化的观点有其局限性，主要表现在以下几个方面。

（1）没有考虑利润的取得时间

例如，今年获利100万元和明年获利100万元，如何判断企业目标的实现结果。在这种情况下，若不考虑货币的时间价值，就难以作出正确判断。

（2）没有考虑所获利润和所投入资本额的关系

例如，同样获得100万元利润，一个企业投入资本500万元，另一个企业投入600万元，若不与投入的资本数额联系起来，就难以作出正确判断。

（3）没有考虑获取利润和所承担风险的关系

例如，同样投入500万元，本年获利100万元，一个企业获利已全部转化为现金，另一个企业获利则全部是应收账款，并有可能发生坏账损失。在这种情况下，若不考虑风险大小，就难以作出正确判断。

如果投入资本相同、利润取得的时间相同、相关的风险也相同，利润最大化是一个可以接受的观念。事实上，许多经理人员都把提高利润作为企业的短期目标。

2. 企业价值最大化

企业价值最大化是指通过企业财务的合理科学经营、采用最优的财务政策、充分平衡资金与风险和价值之间的关系等，在保证企业持续稳定发展的基础上，使企业的总价值能够达到最大化。企业价值不仅是指企业的账面资产总价值，更是指企业全部财产的市场价值，其中也体现了企业预期以及潜在的盈利能力。在现代企业中，经营风险不再是股东一人承担，企业员工、债权人、政府也都承担了不同程度的风险，因此，企业在财务管理中要注重各方的经济利益，在制定财务管理目标时，要注重企业价值最大化，借助企业财务方面的科学化管理，通过最佳财务政策，并充分考虑风险的价值等，以此来实现企业价值最大化目标。

3. 股东财富最大化

股东财富最大化就是借助合理的经营管理和财务管理，为企业股东带来更多的财富。我国企业中一般都是股份制企业，各个企业的股东数量、投资额度、决策权力都不一样，但是企业的每一个股东都希望能够获得更大的财富。在企业中，股东的财富往往是根据股东所持有的股票数量以及股票市场价格而定的，如果股东持有的股票数量较多，而股票的价格较高，那么股东的财富也会达到最大，股东的持股数量、股票价值、财富之间成正比。因此，实现股东财富最大化就需要最大限度地提高股票价值。企业中财务管理将股东财富最大化作为一项目标，也可以有效克服企业利润追求中的短期行为。

（二）企业财务会计管理目标优缺点总结

对以上三种财务会计管理目标进行总结，可得出表1-1。

表1-1 企业财务会计管理总体目标一览表

目标	利润最大化	股东财富最大化	企业价值最大化
优点	体现企业经济效益的高低，对投资者、债权人、经营者和职工都是有利的；利润指标在实际应用时比较简便	考虑了风险因素，在一定程度上能够克服企业在追求利润上的短期行为容易量化，便于考核和奖惩	考虑了时间价值和风险因素，兼顾了股东以外其他关系人的利益；克服了企业在追求利润上的短期行为；有利于实现社会资源合理配置
缺点	没有考虑资金的时间价值，没能有效地考虑风险问题，使企业财务决策带有短期行为的倾向，只考虑当前利润，而不顾企业的长远发展	只适合上市公司，对非上市公司则很难适用；只强调股东的利益，对企业其他关系人的利益重视不够，股票价格不能准确体现股东财富	法人股东对股票价值的兴趣不够；实际应用有困难；企业的实际价值无法通过市场价值真正体现
依据	税后利润总额最大化	最大限度地谋求股东或委托人的利益	企业总价值的最大化

二、不同利益主体财务会计管理目标的矛盾与协调

企业从事财务会计管理活动，必然发生企业与各个方面的经济利益关系，在企业财务关系中最为重要的关系是所有者、经营者与债权人之间的关系。企业必须处理、协调好这三者之间的矛盾与利益关系。

（一）所有者与经营者的矛盾与协调

1. 所有者与经营者的矛盾

由于两者行为目标不同，必然导致经营者和所有者的冲突，即经理个人利益最大化和股东财富最大化之间的矛盾。经理人有可能为了自身的利益而背离股东的利益。这种背离主要有以下两种表现。

（1）道德风险

经营者为了自己的目标，不是尽最大努力去实现企业的目标。他们没有必要为提高股价而冒险，股价上涨的好处将归于股东，如若下跌他们的"身价"将

"缩水"。他们不做什么错事，只是不十分卖力，以增加自己的闲暇时间。这样做不构成法律和行政责任问题，而只是道德问题，股东很难追究他们的责任。

（2）逆向选择

经营者为了自己的目标而背离股东的目标。例如，装修豪华的办公室，购置高档汽车；借口工作需要乱花股东的钱；或者蓄意压低股票价格，自己借机买回，导致股东财富受损等。

2. 所有者与经营者协调合作

为了协调所有者与经营者的矛盾，防止经理背离股东目标，一般有以下两种方法。

（1）监督

经营者背离股东目标的前提条件是双方信息不对称，经营者了解的企业信息比股东多。避免"道德风险"和"逆向选择"的方式是，股东获取更多的信息，对经营者进行监督。在经营者背离股东目标时，股东可以减少其各种形式的报酬，甚至解雇他们。

全面监督实际上是行不通的，因为股东是分散的或者远离经营者，得不到充分的信息；经营者比股东有更大的信息优势，比股东更清楚什么是对企业更有利的行动方案；全面监督管理行为的代价是高昂的，很可能超过它所带来的收益。股东支付审计费聘请注册会计师，往往限于审计财务报表，而不是全面审查所有管理行为。股东对情况的了解和对经营者的监督总是必要的，但受到监督成本的限制，不可能事事都监督。监督可以减少经营者违背股东意愿的行为，但不能解决全部问题。

（2）激励

防止经营者背离股东利益的另一种途径是采用激励计划，使经营者分享企业增加的财富，鼓励他们采取符合股东利益最大化的行动。例如，企业盈利率或股票价格提高后，给经营者以现金、股票期权奖励。支付报酬的方式和数量大小，有多种选择：报酬过低，不足以激励经营者，股东不能获得最大利益；报酬过高，股东付出的激励成本过大，也不能实现自己的最大利益。因此，激励可以减少经营者违背股东意愿的行为，但也不能解决全部问题。

通常，股东同时采取监督和激励两种方式来协调自己和经营者的目标。尽管如此，仍不可能使经营者完全按股东的意愿行动，经营者仍然可能采取一些对自己有利而不符合股东利益最大化的决策，并由此给股东带来一定的损失。监督成本、激励成本和偏离股东目标的损失之间，此消彼长、相互制约。股东要权衡轻重，力求找出能使三项之和最小的解决办法。

(二) 所有者与债权人的矛盾与协调

当公司向债权人借入资本后，两者也形成一种委托代理关系。债权人把资本借给企业，要求到期时收回本金，并获得约定的利息收入；企业借款的目的是用于扩大经营，投入有风险的经营项目，两者的利益并不完全一致。

债权人事先知晓借出资本是有风险的，并把这种风险的相应报酬纳入利率。通常要考虑的因素包括企业现有资产的风险、预计企业新增资产的风险、企业现有的负债比率、企业未来的资本结构等。

但是，借款合同一旦成为事实，资本提供给企业，债权人就失去了控制权。股东可以通过经营者为了自身利益而伤害债权人的利益，可能采取的方式有如下两种。

第一，股东不经债权人的同意，投资于比债权人预期风险更高的新项目。如果高风险的计划侥幸成功，超额的利润归股东独享；如果计划不幸失败，企业无力偿债，债权人与股东将共同承担由此造成的损失。尽管按法律规定，债权人先于股东分配破产后的财产，但多数情况下，破产后的财产不足以偿债。因此，对债权人来说，超额利润肯定拿不到，发生损失却有可能要分担。

第二，股东为了提高企业的利润，不征得债权人的同意而指使管理当局发行新债，致使旧债券的价值下降，使旧债权人蒙受损失。旧债券价值下降的原因是发新债后企业负债比率加大，企业破产的可能性增加。如果企业破产，旧债权人和新债权人要共同分配破产后的财产，使旧债券的风险增加，其价值下降。尤其是不能转让的债券或其他借款，债权人不能出售债权摆脱困境，处境更加不利。

债权人为了防止其利益被伤害，除了寻求立法保护，如破产时优先接管、优先于股东分配剩余财产等外，通常采取以下措施：一是在借款合同中加入限制性条款，如规定贷款的用途，规定不得发行新债或限制发行新债的规模等；二是发现企业有损害其债权的意图时，拒绝进一步合作，不再提供新的贷款或提前收回贷款。

除债权人外，与企业经营者有关的各方都与企业有合同关系，都存在着利益冲突和限制条款。企业经营者如果侵犯职工、客户、供应商和所在社区的利益，都将影响企业目标的实现。因此，企业是在一系列限制条件下实现企业价值最大化的。

第三节　企业财务会计管理与金融市场

筹资与投资是企业财务会计管理的两大基本内容，它们都离不开金融市场。金融市场是资金供需双方通过某种方式进行资金交易的场所和机制。金融市场是企业财务会计管理活动外部环境的重要组成部分，其发达程度、金融机构的组织体制及运作方式、金融工具的丰富程度、金融市场参与者对风险的态度及报酬的要求都会对企业财务会计管理产生重大影响。

一、金融市场分类

金融市场可根据不同的标准进行分类，常见的分类方法如下。

（一）有形市场和无形市场

金融市场按形态不同可分为有形市场和无形市场。有形市场是交易者集中在有固定地点和交易设施的场所内进行交易的市场。无形市场是交易者分散在不同地点（机构）或采用电信手段进行交易的市场。在证券交易电子化之前的证券交易所就是典型的有形市场，目前世界上所有的证券交易所都采用了数字化交易系统，因此，有形市场渐渐被无形市场替代。场外交易市场、全球外汇市场和电子化的证券交易所市场都属于无形市场。

（二）货币市场和资本市场

金融市场按金融工具的期限不同可分为货币市场和资本市场。货币市场是融通短期资金的市场，期限一般短于1年，包括同业拆借市场、回购协议市场、商业票据市场、银行承兑汇票市场、短期政府债券市场、大面额可转让存单市场。资本市场是融通长期资金的市场，期限都在1年以上，多为3—5年，有的在10年以上，甚至更长，包括中长期银行信贷市场和证券市场。中长期信贷市场是金融机构与工商企业之间的贷款市场，证券市场是通过证券的发行与交易进行融资的市场，包括债券市场、股票市场、保险市场、融资租赁市场等。

（三）发行市场和交易市场

金融市场按交易类型不同可分发行市场和交易市场。发行市场是资金需求者将金融资产首次出售给公众时所形成的交易市场，又称为初级市场或一级市场。

交易市场是已发行的有价证券进行买卖交易的场所，又称二级市场，是资金从一个投资者手中转移到另一个投资者手中。交易市场为发行市场上的投资者提供了有效的退出通道，使投资者敢于在发行市场购买金融资产。这两个市场相互依存、相互制约。发行市场所提供的证券及其发行的种类、数量与方式决定着交易市场上流通证券的规模、结构与速度；交易市场上的证券供求状况与价格水平等又将有力地影响着初级市场上证券的发行。

二、金融工具

金融工具是资金融通交易的载体，是金融交易者在金融市场上买卖的对象。金融工具按与实际信用的关系可分为基础金融工具和衍生金融工具两类。

（一）基础金融工具

基础金融工具又称为原生金融工具、非衍生金融工具，是指在实际信用活动中出具的能证明债权债务关系或所有权关系的合法凭证，主要有商业票据、债券等债权债务凭证和股票、基金等所有权凭证。

（二）衍生金融工具

衍生金融工具又称派生金融工具、金融衍生品等，是由原生金融工具派生出来的，主要有期货、期权、远期、互换合约四种衍生工具，以及由此变化、组合再衍生出来的一些变形体。原生金融工具是金融市场上最广泛使用的工具，是衍生金融工具赖以生存的基础。

为适应经济的发展，市场上不断推出新的金融工具，金融服务范围也一再拓展。这样的变革为企业筹资、投资提供了极大的便利，但同时也派生出利率风险、汇率风险、表外风险等新的风险，使金融风险进一步加大。合理地利用金融工具在适合的金融市场有效地融资并规避风险，将成为企业财务会计管理面临的重要课题之一。

企业财务报表分析及应用

第一节 企业财务会计报表分析概述

一、财务报表分析的起源与发展

（一）财务报表分析的起源

对财务报表数据进行系统的分析主要与以下两个因素有关。首先，随着资本市场的形成与发展，作为企业扩展的主要资本提供者的金融机构（如商业银行、投资公司、保险公司）的作用日益增强，这些机构需要一个正规的分析系统对申请借款企业的经营与财务状况进行系统的评估。其次，股份有限公司的出现，使企业的所有权与经营权分离，股东由于没有直接参与企业的经营管理，需要对由管理人员提供的财务报表数据进行分析，以便作出相关的投资决策。

于是，金融机构和投资者开始系统地分析企业的财务信息，前者主要关注企业的偿债能力和信用品质，后者则是为了评估企业的经营成果，以便确定投资风险与报酬。从一定程度上可以说，金融机构和投资者共同促进了财务报表分析的形成与发展。

（二）财务报表分析的主要学派

根据财务报表分析的不同目标和需要，财务报表分析可以分为以下各学派。

1. 实用比率学派

实用比率学派是财务报表分析史上最早出现的学派。最早持实用比率观点的人士是职业信贷分析人员，他们主要关注企业偿还短期债务的能力以及与其有关的营运资本和短期负债的比率，如流动比率和速动比率等。这一学派对财务报表分析的贡献是，率先从财务报表原始数据中开发出众多的比率。财务比率的出现，标志着财务报表分析开始应用科学的方法，使人们能够把报表的有关项目联系起来，更深入地了解企业的财务状况和经营成果。目前，该学派仍具有相当的地位。

2. 财务失败预测学派

20 世纪 30 年代，以美国为代表的西方资本主义国家发生的经济危机导致了财务报表分析的另一学派——企业财务失败预测学派的诞生。这一学派将财务报表分析的重心从对历史结果的分析转向对未来的预测。该学派的基本逻辑是，财务报表分析的有用性在于它对未来事项的预测能力。经过长期的检验，计量流动性、资本结构、盈利能力和其他一些有关内容的财务比率能够预测企业破产和出现其他财务困难的可能性。值得一提的是，财务失败预测学派虽然在实务上取得了重大成就，但在理论上至今尚未形成完整的体系。

3. 资本市场学派

该学派是随着理财学的有效市场假说（简称 ENH）的发展而形成的。资本市场学派认为，财务报表分析的作用在于解释和预测证券投资报酬及其风险水平。除了探讨财务比率在预测证券回报上的作用外，该学派将精力主要集中在研究会计收益的性质及其与证券投资回报的关系问题上。这一学派的显著特点是，从事该学派研究活动的人员绝大多数是学术研究人员，而其他学派则由实务工作者和学术研究人员共同组成。因此，由纯学术人员所进行的研究是否能够摸索到切实有用的财务报表分析方法，还有待于进一步的实践检验。

（三）财务报表分析的未来发展

未来的财务报表分析必然随着财务会计学、公司理财学、统计学、信息学、计算机技术等学科的发展而不断成熟和完善。

1. 未来的财务报表分析将充分利用现代化的技术手段

信息技术的迅猛发展大大提高了财务报表数据分析的能力和速度，随着会计信息标准化工作的深入展开，通用的可扩展性商业语言（XBRL）为财务报表分析提供了平台，所需数据绝大部分可来自计算机或网络，分析报表时可直接利用计算机快速、及时地进行数据的收集、整理、计算和分析。财务报表分析的技术手段从手工向计算机转变，不仅提高了财务报表分析的效率和质量，而且解决了现行分析成本高、时效性差、无法处理特殊事项或偶然事项的缺陷。

2. 财务报表分析的内容将有所增加和扩充

财务报表分析与企业的财务报表紧密联系，随着社会经济的不断发展，财务报表的内容将会不断充实和增加。财务报表内容的增加必然要引起财务报表分析内容的增加。未来企业财务报表分析将增加人力资源分析、公允价值信息分析、衍生金融工具信息分析等方面的内容。

3. 财务报表分析更具实效性

在当今社会经济和科学技术快速发展的环境下，企业管理者、投资者等都希望能得到时效性更强的财务信息。相关人员应该针对财务报表分析开发一系列的软件，使报表使用者通过计算机实时、迅速地取得所需数据，及时、快速、有效地进行信息的收集、整理、计算和分析。

二、财务报表分析的性质和原则

（一）财务报表分析的性质

1. 只能反映单个企业的财务状况和经营业绩

财务报表只是使用者进行决策所需信息的一种来源，而这种来源的信息仅局限于某一主体或企业，但财务报表分析则能把财务报表的新系统与其他来源的信息相结合，发现新情况，找出新问题，提供新信息。

2. 只能提供货币单位计量并表述的财务信息

财务报表提供的信息不但经常受到货币单位计量的限制，而且受公认会计原则、企业会计准则或其他经济法规的约束，这就决定了财务报表无法充分反映各种影响企业财务状况和经营业绩的因素。财务报表分析则不受上述限制，全面联系多种信息资料，把一切有用的情况都集中起来，进一步剖析财务信息隐藏的丰富内容。

3. 各种财务报表之间的关系比较松散，信息含量小

各种不同的财务报表从不同的侧面反映和揭示了企业的经营活动、投资活动、理财活动，这些活动存在一定的联系，各种财务报表之间以及内部的各类各项目之间也必然存在一定的联系。因此，如果孤立地看待各个报表或其内部的各类各项目，其信息含量就一定受到严格的限制，而财务报表的分析就是要根据经

济活动的关联性，寻找各种财务报表之间及其内部各类各项目之间的内在联系，以便为使用者提供更新、更深层的信息。

4. 只反映某一时期或某一时点的情况

财务报表是根据会计分期假设编制的，只是一种年中报表，而并非经营结束期的报告，只反映企业在特定时期的经营业绩或某特定时点的财务状况，而非最终的经营业绩和财务状况。财务报表分析通过对历年财务报表资料进行分析，客观、公正、准确地比较和评价企业的各项经济活动及其成果，同时也为了了解和弄清企业的过去和现状，以作出有根据的经济决策，必须进行认真的、科学合理的财务报表分析。

（二）财务报表分析的原则

财务报表分析的原则是指各类报表使用者在进行财务分析时应遵循的一般规范。可以概括为目的明确原则、实事求是原则、全面分析原则、系统分析原则、动态分析原则、定量分析与定性分析结合原则、成本效益原则。

1. 目的明确原则

目的明确原则是指报表使用者在分析和计算之前，必须清楚地理解分析目的，即要解决的问题。否则，即使由于计算机和数据库技术的发展使分析的工作量大为减少，也会使整个分析过程变成毫无用处的数字游戏。

财务报表分析的过程，可以说是"为有意义的问题寻找有意义的答案"的过程。要解决的"问题"必须是有意义的，并且是明确的。

2. 实事求是原则

实事求是原则是指在分析时应从实际出发，坚持实事求是，反对主观臆断和"结论先行"，不能搞数字游戏。

3. 全面分析原则

全面分析原则是指分析者要全面地看问题，坚持一分为二，反对片面地看问题。报表分析者要同时注意财务问题与非财务问题、有利因素与不利因素、主观因素与客观因素、经济问题与技术问题、外部问题与内部问题。

4. 系统分析原则

系统分析是一种动态分析，它是将客观对象看成一个发展变化的系统。系统分析又是一种多层次的分析，它是把对象看成一个复杂的多层次的系统。系统分析原则是指分析人应注重事物的联系，坚持全面地看问题，反对孤立地看问题。分析者要注意局部与全局的关系、报酬与风险的关系、偿债能力与收益能力的关系等，从总体上把握企业的状况。分析时要有层次地展开，逐步深入，不能仅仅根据一个指标高低就作出结论。

5. 动态分析原则

动态分析原则是指应当发展地看问题，反对静止地看问题。两个企业的收益率一致，并不表明它们的收益能力一样。动态分析原则要求对事物进行"活着的观察"，在运动中看局部和全局的关系，寻找过去和未来的联系。

分析者要注意过去、现在和将来的关系。财务报表本身是"过去"经济业务的综合反映，人们的决策是关于未来的。未来不会是历史的简单重复，但却是历史的延续，过去可以反映未来许多有用的东西。

6. 定量分析与定性分析结合原则

定量分析与定性分析结合原则是指定性的判断和定量的计算同样重要，都要给予充分注意。定性分析是为确定研究对象是否具有某种性质的分析，主要解决"有没有"和"是不是"的问题。定性分析是最基本的一种分析方法。定量分析是为了确定客观对象各个部分数量的分析，主要解决"有多少"的问题。量的计算可以增强对质的认识，只有对事物做了量的分析，才能准确判定事物的质的变化。

分析者应认识到，定性分析是基础和前提，没有定性分析就弄不清本质、趋势和与其他事物的联系。定量分析是工具和手段，没有定量分析就弄不清数量界限、阶段性和特殊性。财务分析要透过数字看本质，只有将定量分析与定性分析相结合，才能得出正确的结论。

7. 成本效益原则

成本效益原则是指把最大的精力应用于能取得最大收益的地方。分析者应当注意：所要分析解决的问题是否具有足够的重要性，值得花费的成本是多少；相对于问题的重要性其分析结果需要的精确程度如何，是否值得下功夫使其更加精确；不确定性分析是否必要，需要多少成本等。

三、财务报表分析的对象与步骤

（一）财务报表分析的对象

1. 筹资活动分析

筹资活动是指筹集企业投资和经营所需要的资金，包括发行股票和债券、取得借款，以及利用内部积累资金等。企业在筹集资金时需要考虑以下问题：需要筹集的资金数额、筹资的来源（所有者还是债权人）、偿还期以及筹资契约的主要条款等。资本市场是企业筹集资金的潜在来源，筹资决策与资本市场的状况有密切关系，企业要根据市场状况和资金需要进行筹资决策。筹资决策的关键是选择合适的资本结构。

筹资决策关系到企业的风险和成长能力，决定了企业决策受外部力量牵制的程度。筹资活动的结果，一方面是取得运用现金（有时也包括非现金资产）的权利，它们反映在资产负债表的左方（资产）；另一方面是产生对债权人和所有者的义务，它们反映在资产负债表的右方（负债及所有者权益）。运用资产进行经营活动可以取得经营收益，它们反映在利润表的上半部分；履行义务需要支付利息和分配股利，它们反映在利润表的下半部分。筹资活动包括现金流入企业，以及向资金提供者回流现金（包括本金、利息和股利），它们反映在现金流量表的第三部分（筹资活动产生的现金流量）。通过财务报表分析，人们可以看出企业的理财方针和筹资业绩。

2. 投资活动分析

投资活动是指将所筹集到的资金分配于资产项目，包括购置各种长期资产和流动资产。企业在投资时需要考虑以下问题：投资项目有什么技术或经营的创新、需要多少资金、使用资金的时间、资产的地点等。资产代表企业提供产品或服务的能力，目的是将来运用这些能力赚取收益。资产的效益在将来才能实现，而未来效益不能确知，所以投资必然包含风险。因此，投资决策的关键是报酬和风险的衡量。

投资是企业基本活动中最重要的部分。筹资的目的是投资，应根据投资需要来筹资，甚至可以把筹资看成投资活动的"前置"部分。经营活动是投资所形成的生产经营能力的运用，投资决定了经营活动的规模、类型和具体方式，可以把经营活动看成投资活动的"延续"部分。因此，投资活动决定了企业持有资产的总量及其构成，影响企业的生产经营能力、组织结构、可持续发展能力和经营风险，并在一定程度上制约筹资活动和经营活动。

投资活动的直接结果是取得非现金资产，它们反映在资产负债表的左方（未投资的部分按现金报告）。投资活动的最终结果是运用资产赚取的收益，它们反映在利润表上。投资活动包括现金流出企业（同时非现金资产流入企业）以及收回投资时现金流入企业（同时非现金资产流出企业），它们反映在现金流量表的第二部分（投资活动产生的现金流量）。通过财务报表分析，人们可以看出企业投资的方针和业绩。

3. 经营活动分析

经营活动是在必要的筹资和投资前提下，运用资产赚取收益的活动，它至少包括研究与开发、采购、生产、销售和人力资源管理等五项活动。

经营活动的关键是达到上述五项活动的适当组合，使之适合企业的类型和市场定位。企业的类型是指提供产品或服务的具体特征，不同的企业类型需要不同的资产，而企业拥有的资产是投资决策的结果。经营活动要与企业的类型配合。

经营活动是企业收益的主要来源。收益计量了企业作为一个整体，在与市场进行交换时投入与产出的业绩。投资和筹资的效果，最终也要在经营收益中体现出来。因此，经营活动的分析是财务分析最重要的领域之一。

经营决策的直接结果是取得收入和支出成本，它们反映在利润表的上半部分。经营活动占用的资源是资产，它们反映在资产负债表的左方。经营活动会引起现金流动，它们反映在现金流量表的第一部分（经营活动产生的现金流量）。通过财务报表分析，人们可以看出企业经营活动的方针和业绩。

企业的三项基本活动是相互联系的，在进行业绩评价时不应把它们割裂开来。例如，利润是企业经营活动的结果，而经营业绩的评价不能孤立地仅看利润的大小，需要把利润和为赚取利润占用的资产联系起来，用资产利润率来评价。

（二）财务报表分析的基本步骤

对财务报表进行分析研究，首先需要确定分析的若干阶段，制订分析的计划，以便有条不紊地分析研究，达到分析的目的。财务报表分析的基本步骤一般由以下几个方面组成。

1. 确定分析目标，制订分析计划

财务报表分析目标，依分析类型不同而不同。信用分析目标主要是分析公司的偿债能力和支付能力。投资分析目标主要是分析投资资金的安全性和收益性。经营决策分析目标主要是分析公司的产品结构、生产结构和发展战略的调整。税务分析目标主要是分析公司的收入和支出情况等。

在明确财务报表分析目标之后，应根据分析的目标、分析量的大小、分析问题的难易程度制订分析方案，明确分析的范围是全面分析还是重点分析，是协作分析还是分工负责；明确采用的分析方法；明确分析工作的总体组织实施方略；

列出分析项目、安排工作进度、确定资料来源、提出分析的内容、标准和时间要求等，以便于实施。

2. 收集数据信息

财务报表分析方案制订以后，要根据分析的目标任务，广泛收集分析所需的数据和资料。公司的经营状况和财务状况受多重因素影响，如整个国民经济和社会主义市场经济运行状况及行业部门发展情况的影响、公司自身多种因素的影响，因此，财务报表分析不仅是对报表数据进行分析，还要在报表数据基础上，结合上述因素进行分析。需要收集的信息资料比较广泛而复杂，既有数据方面的，也有文字方面的。

（1）宏观方面的资料

国家有关法令、政策；经济形势和发展趋势；通货膨胀率；经济增长率；国民生产总值；工农业生产指数；对外贸易及汇率、失业率、利率等。

（2）中观方面的资料

企业所在的行业或部门的经济状况，含主要经济指标；本行业生产经营特点；技术进步的变化；经济增长的特点；竞争的主要内容；对宏观经济因素的敏感度；本行业大多数企业在经营、投资、理财三大活动中的基本特点等。

（3）微观方面的资料

企业本身的各种资料以及与之相比较的同行业其他企业的相关资料，这是财务报表分析的最重要依据。

第一，本公司的有关资料。例如市场占有率、销售政策、产品品种、质量、有关预测数据等，这些资料可以通过公司的财务报表及有关会计核算资料、企业采取的会计政策、注册会计师的查账报告、企业的预算计划资料、企业定额资料和经营策略说明等途径取得。

第二，同行业其他企业的相关资料。根据对比分析的需要，收集同行业企业的有关资料，但应注意其资料的可比性。

3. 核实并整理信息资料

根据财务报表分析目标，采用相应的方法，对收集的资料数据进行适当的加工整理，去伪存真，去粗取精，检查财务报表是否真实可信。从目前上市公司的年度公告和上市公告书的资料看，有相当一部分企业存在明显的不真实或作弊行为，而更严重的是，会计师事务所仍为其出具了审计报告和无保留的审计意见。财务报表分析的实践证明，如果发现有下列情况之一者，说明公司提供的信息资料不真实、不全面或不准确；企业提供的年度或上市公告书内容及说明的材料内容不全；提供的三张主表不符合统一要求，项目有遗漏或企业自行变更报表的项目；在分析中发现，通过两种或多种分析途径得出的结论不一致或有矛盾；计算报表有关数据时，发现某一数值前应为"-"号而被遗漏或故意漏掉。

4. 分析经过整理和核实的信息资料，回答分析的目标

针对上述情况，应对收集的资料进行分类、分组，删掉多余的、重复的资料，筛选精简典型的资料，以利于分析工作的进行。根据分析的目标和内容，评价所收集、核实和整理的资料，寻找数据间的因果关系，联系企业客观环境情况，解释形成现状的原因，解释经营业绩和经营失误，暴露存在的问题，提出分析意见，探讨改进办法与途径。

5. 作出分析结论，撰写分析报告

经过对比分析等多种分析方法的运用，对分析资料进行深入的分析之后，作出正确、合理的结论，写出分析报告，报送有关部门和单位。由于企业经营活动的复杂性和企业外部环境的多变性，要求在撰写分析报告时遵循一定的原则。

（1）尽可能收集所需资料，掌握真实情况

既要掌握分析目标所需指标的资料，又要了解相关指标的因果情况；既要收集公司内部的报表资料，又要掌握企业环境的变化情况；既要有客观数据资料，又要有文字意见资料。唯有如此，才能作出正确、合理的结论。

（2）静态分析和动态分析相结合

企业的经营活动是一个动态的发展过程，而所收集的财务报表一般是过去情况的反映。要时刻注意数据的时间，在弄清过去情况的前提下，分析当前情况的可能结果，联系公司本身及投资者、债权人的实际情况，静态和动态结合，对指标值的含义作出判断，才能写出科学、正确的分析报告。

（3）点面结合，抓住重点，定性与定量分析相结合

在进行财务报表分析时，一两个指标往往不能说明问题，既要对指标本身的数值进行分析和解释，又要就该指标数值对其他方面所产生的影响作出解释，通过点面结合分析、重点分析，抓住关键和本质。因为企业面临的外部环境是复杂而多变的，有时很难定量，在进行定量分析的同时，还要进行定性分析，作出正确的判断，写出正确、合理的分析报告。

（4）指标对比，综合判断

企业的经营活动是相互制约和相互联系的，指标数值具有相对性，同一指标数值在不同的情况下，反映不同的问题。要通过指标对比、指标综合来分析问题、揭露矛盾，才能得出科学、正确的结论。

四、财务报表分析的目的和意义

（一）财务报表分析的目的

财务报表分析主要有普通目的和特殊目的之分。

1. 财务报表分析的普通目的

（1）了解企业经营管理的现状和存在的问题

企业生产经营的规律性，具体反映在财务分析指标的各种数值中，通过财务报表分析指标数值的分析比较，可以发现经营管理问题，找出差距，为企业决策服务。

（2）通过财务报表的分析掌握生产经营规律性

企业的生产经营活动是有一定的规律的，不同的行业，由于不同生产经营活动特点，其对资金的运用、要求遵循的规律也就不同，而财务报表分析就是要掌握资金运动的规律性，作到心中有数，掌握生产经营规律，为企业的财务管理和生产经营服务。

（3）弄清企业的优劣

认清企业的优势和劣势，作到知己知彼，为企业在市场上开展竞争和制定发展战略服务。企业的优劣反映在企业偿债能力、赢利能力、发展潜力等各项指标上，通过分析这些指标，可以看清企业的优势和弱点。同时通过分析对比也可以发现竞争对手的优势和弱点，以便采取有效措施，制定企业的发展战略，战胜竞争对手，在市场上取得主动权。

2. 财务报表分析的特殊目的

财务报表分析的特殊目的随不同的分析者而有所不同。

（1）经营管理者对财务报表分析的目的

因为经营管理者对企业的经营成果负主要责任，他们要通过财务报表的分析作到以下几点：一是帮助作出正确的决策。通过财务报表分析，要看清公司的发展前景，把握转产、投资、筹资的尺度，以帮助作出正确的筹资、投资、利润分配等决策。二是定期检查公司运转是否正常，经营业绩如何。主要通过对公司的资金结构平衡的分析、偿债和赢利能力的分析，以及应付风险能力的分析等来实现这一具体目的。三是帮助分析掌握企业有无资金潜力及如何挖掘。这主要是通过对企业的经营管理情况和收支情况进行预测分析来搞清公司的家底、资金的来源运用、有无潜力，以及如何挖掘资金潜力、充分运用、发挥资金使用的最大效益。

（2）投资者对财务报表分析的目的

投资者在企业中拥有投资收益权和剩余财产分配权，并对企业负有限责任。投资收益只有在宣布分红方案时才能实现，而剩余财产分配权只有当企业清算时才能实现，并且投资者与企业是利益共享，风险共担的。因此，投资者要掌握其投资的收益和风险，通过财务报表的分析要达到：是否应该对企业投入更多资金（这主要是通过分析企业净资产和盈利能力来确定的）；是否应该转让股份，抽回投资（这主要是通过分析每股盈利、股票价格变动和企业发展前景来决定的）。而要了解和掌握企业的经营成果和分红政策，就要对企业的生存能力和竞争能力进行分析；要实现投资收益，则要分析企业是否将分红。

（二）财务报表分析的意义

财务报表分析的意义概括起来讲就是了解过去、评价现在和预测未来，以帮助报表使用者改善决策。具体来说，包括以下几个方面。

1. 评估企业的财务实力

财务实力是企业综合竞争力的重要组成内容。按照企业综合竞争力理论，企业综合竞争力的大小受许多因素的影响，诸如产品或业务竞争力、经营管理能力、人力资源质量、技术和制度的创新能力、财务实力和国际化经营能力等。企业财务实力的强弱主要是通过财务报表所显示的资产实力、收益能力等体现出来的。对财务实力的评估，是利益相关者是否与企业建立关系的重要前提。

2. 确定企业的偿债能力

财务报表的分析最初就是为确定偿债能力发展起来的。诸如资产负债率、流动比率、速动比率等财务指标或财务比率，在预测企业偿债能力方面被公认是有用的。这些指标可用于区分哪些企业有偿债能力，哪些企业无偿债能力，其正确程度要比任意的预报高得多。西方会计界认为，那些丧失偿债能力的企业的各种比率就暗示了它们产生较大失误的可能性。

3. 评价企业的经营业绩

市场经济条件下，保持企业有较强的竞争力的先决条件是企业具有较高且稳定的获利能力。而获利能力的大小，通常用利润率、每股盈利等指标加以衡量和预测。对企业投资者来说，获利水平的高低将直接决定其投资的收益分配水平。对企业经营者来说，较高的获利能力本身就是其受托责任的主要内容。债权人尤其是长期债权人，也会十分注重其债务人的潜在获利能力，因为获利能力对长期偿债能力具有重要意义。

4. 评价企业的管理效率

投资者把资本投入企业，债权人把资金贷给企业，两者共同构成企业的总资产，即"所有者权益+负债=资产"。资产是企业拥有或控制的经济资源，本身就体现投资者对经营者的委托经管责任，同时体现经营者的独立经营权利。为了完成受托经管责任，经营者必须有效地经营和管理其独立控制的资产。资产管理效率或营运效率如何，通常要借助于各种资产周转率指标加以衡量和评价。

5. 评估企业的风险和前景

企业的财务、经营风险以及发展前景是利益相关者进行合理的投资、信贷和经营决策的重要依据。一个企业的财务、经营风险以及发展前景，主要是通过财务报表体现出来的。因此，进行财务报表分析，对利益相关者评估企业并进行决策具有重要意义。

第二节 财务会计报表分析的方法

一、比较分析法

比较分析法是最基本的成本分析方法，它是通过财务指标的实际数与基数的对比，来揭示实际数与基数之间的差异，以便了解差距与不足的一种分析方法。对比的基数由于分析目的的不同而不同，一般有计划（预算）数、前期实际数、以往年度同期实际数以及本企业的历史先进水平和国内外同行业数据等。根据分析内容不同，比较分析法可以单独使用，也可以与其他分析方法结合使用。

采用对比分析法应注意指标包含的内容、计价标准、时间尺度和计算方法的可比性，同行业水平进行比较时，还要考虑到技术上是否具有可比性。如果两项指标对比时，在某一方面不同，就先进行调整，然后再进行比较。通常也可以在同行业中选一组有代表性的企业求其平均数，作为同业标准，来进行比较。

根据分析的需要，对比分析还可采用绝对数分析和相对数分析。绝对数分析就是分析实际数与基数之间的绝对增减额。计算公式为：

$$财务指标差额 = 实际数 - 对比基数$$

相对数分析就是分析实际数与基数之间增减额占基数的百分比。计算公式为：

$$财务指标对比百分比 = 实际数 \div 对比基数 \times 100\%$$

二、比率分析法

比率分析法是指通过两个相互联系的指标对比确定比率，分析企业某一个方面的业绩、状况或能力的一种方法。比率分析可以直接说明某项比率指标水平的高低，也可以和比较分析法结合起来分析该项比率指标与对比指标的差异。

比率分析主要有以下三种方法。

（一）构成比率分析法

构成比率分析某项经济指标的各个组成部分与总体的比率，反映部分与总体的关系。其计算公式为：

$$构成比率 = 某个组成部分数值 \div 总体数值$$

通过对构成比率的分析，可以观察财务指标构成内容的变化是否合理，以便协调各项财务活动。

（二）相关比率分析法

相关比率是指以某个项目和与其有关但又不同的项目加以对比所得的比率，反映有关经济活动的相互关系。利用相关比率指标，可以在财务活动的客观联系中研究考察，更加深入地认识企业的财务状况和经营成果。例如，将流动资产和流动负债进行对比，计算流动比例，据以判断企业的短期偿债能力。

（三）动态比率分析法

动态比率分析是指将不同时期的财务报告中的相同指标或比率进行对比，分析该项指标的增减速度和发展趋势。动态比率分析由于计算时采用的基期数值不同，动态比率又可分为定基比率和环比比率两个指标。

定基比率是指以某一期的数值固定为基期数值计算的动态比率。计算公式为：

$$定基比率 = 分析期数值 \div 固定基期数值$$

环比比率是指以每一分析期的前期数值为基期数值计算的动态比率。计算公式为：

$$环比动态比率 = 分析期数值 \div 前期数值$$

利用比率分析法进行财务分析，其优点是计算简便，计算结果容易判断，而且可以使某些指标在不同规模的企业之间进行比较。分析时应注意以下几个问题：一是对比项目的相关性。如果计算比率的子项和母项不相关，则对比没有意义。二是对比口径的一致性。分析时，应注意计算比率的子项和母项必须在计算时间、范围等方面保持口径一致。三是衡量标准的科学性。运用比率分析，需要选用一定的标准与之对比，以便对企业的财务状况作出评价。

科学合理的对比标准有：预定目标，如预算指标、设计指标、定额指标、理论指标等；历史标准，如上期实际、上年同期实际、历史先进水平以及有典型意义的时期实际水平等；行业标准，如主管部门或行业协会颁布的技术标准、国内外同类企业的先进水平、国内外同类企业的平均水平等；公认标准。

三、因素分析法

一个财务指标完成得好坏，往往是由多种因素造成的，只有把这种综合性的结果分解为具体的构成因素，才能了解指标完成好坏的真正原因。这种把综合性指标分解为各个因素的方法，称为因素分析法。

进行因素分析通常采用连环替换的方式，因此，因素分析法又称为连环替代分析法。它是确定引起某个经济指标变动的各个因素影响程度的一种计算方法。在几个相互联系的因素共同影响着某一指标的情况下，可应用这种方法来计算各个因素对经济指标发生变动的影响程度。

（一）确定各个因素的替代顺序，然后按照这一顺序替代

确定替代顺序时，应遵循以下原则：先替代数量因素，再替代质量因素；如果各因素中既有实物数量又有价值数量时，应先替换实物数量，再替换价值数量；如果有几个数量因素或质量因素时，应先替换主要因素，再替换次要因素。

（二）计算替换后该经济指标的结果

将决定替换因素的基期指标替换为实际指标，计算替换后该经济指标的结

果。替换时，还应假设前面的因素已经变动，后面的因素尚未变动。

（三）确定该因素变动的影响程度

将替换后该经济指标与替换前该经济指标相比较，确定该因素变动的影响程度。计算某项因素变动的影响程度时，假定其他因素不变，只有这样，才能算出该项因素变动的影响程度。

四、趋势分析法

趋势分析法是指通过对比两期或连续数期财务报告中的相同指标，确定其增减变动的方向、数额和幅度，以说明企业财务状况和经营成果的变动趋势的一种方法。通过趋势分析，可以分析引起变化的原因、变动的性质，并预测企业未来的发展方向。

趋势分析法主要应用于财务比率的趋势分析、会计报表金额的趋势分析和会计报表构成的趋势分析之中。

（一）财务比率的趋势分析

财务比率的趋势分析是将同一企业若干年的财务比率排列在一起，通过观察企业财务比率的变化趋势，找出问题，确定对策。

（二）会计报表金额的趋势分析

会计报表金额的趋势分析是将连续数期的会计报表金额并列起来，比较其相同指标的增减变动金额和幅度，据以判断企业财务状况和经营成果发展变化的一种方法。会计报表的金额比较，既可以在资产负债表中进行，也可以在利润表和现金流量表中比较。

（三）会计报表构成的趋势分析

会计报表构成的趋势分析是以会计报表中某个总体指标作为100%，再计算出各个组成部分占该总体指标的百分比，比较各部分百分比的增减变动，以此来判断有关财务活动的变化趋势。

在采用趋势分析法时，必须注意以下三个问题：一是进行对比时，各个时期的指标在计算口径上必须保持一致。二是要剔除偶发性项目的影响。三是应用例外原则，对某项目有显著变动的指标做重点分析，研究其产生的原因，以便采取对策。

第三节 财务会计报表分析的种类与功能

一、财务会计报表分析的种类

(一) 利润表

1. 利润表的概念

利润表是指反映企业在一定会计期间的经营成果的会计报表,又称为损益表。

利润表是按权责发生制编制的,凡是当期已经实现的收入和已经发生或应当负担的费用,不论款项是否收付,都应作为当期的收入和费用处理;凡是不属于当期的收入和费用,即使款项已经在当期收付,都不应作为当期的收入和费用处理。

利润计量带有一定的不确定性,对财务分析来说,其具有一定的缺陷,主要表现在以下三个方面。

(1) 利润表只能反映已实现的利润,而不包括未实现的收益,后者往往是报表使用者进行决策的有用信息。

(2) 会计利润只考虑对原始投入货币资本的保全,在物价变动时,并不能使实物资本得以保全,从而有可能造成虚盈实亏的现象。

(3) 财务管理更需要以收付实现制为基础的现金流动信息,但利润与现金流动有很大差距,利润大的企业不一定能说明其现金流动状况良好。

2. 利润表的格式

为了提供清晰明了的信息,利润表应以一定的分类和列示顺序来表达损益各要素的关系。常见的利润表格式主要有单步式和多步式两种。

在我国,利润表采用的是多步式格式,即通过对当期的收入、费用、支出项目按性质加以归类,按利润形成的主要环节列示一些中间性利润指标,分步计算当期净损益。

3. 利润表的作用

利润表按照"利润=收入-费用"这一公式编制的。利润表反映企业经营业绩的主要来源和构成，有助于使用者判断净利润的质量及其风险，预测净利润的持续性，从而作出正确的决策。对报表使用者而言，利润表的作用主要表现在以下几个方面。

（1）通过利润表，可以反映企业一定会计期间的收入实现情况，如实现的营业收入、投资收益、营业外收入各有多少。

（2）可以反映一定会计期间的费用耗费情况，如耗费的营业成本、营业税费、销售费用、管理费用、财务费用、营业外支出等各有多少。

（3）可以反映企业生产经营的成果，即净利润的实现情况，有助于考核企业经营者的经营业绩与效率。

（4）将利润表中的信息和资产负债表的信息相结合，可以反映资产的利用效率和获利能力，便于报表使用者判断企业未来的发展趋势，作出经济决策。

（二）资产负债表

1. 资产负债表的概念

资产负债表是指反映企业在某一特定日期资产、负债和所有者权益及其构成情况的会计报表，又称为财务状况表。它反映企业在某一特定日期所拥有或控制的经济资源、所承担的现时义务和所有者对净资产的要求权。

为了不被资产负债表所提供的某些项目的表面现象所迷惑，达到准确评价企业财务状况（了解真相）的目的，财务分析人员必要清楚地了解资产负债表所存在的局限性。资产负债表的局限性具体表现为以下几点。

（1）使用的会计程序方法具有很大的选择性，不同企业有不同的选择，导致报表信息在不同企业之间往往不具有可比性。

（2）资产和负债的确认和计量都涉及人为估计、判断，难以作到绝对客观真实。

（3）资产负债表有助于分析企业的偿债能力等，但它并不能直接披露偿债能力本身。比如，存货不能光看它的数额，更重要的是要去调查研究它的质量（如是不是积压、滞销的存货）。

（4）物价变动使以历史成本为计量属性的资产与负债严重偏离现实，从而造成以下一些后果：历史成本可能大大低于现行的重置成本，使资产的真实价值得不到反映，并可能出现虚盈实亏的状况；持有的非货币性资产发生的亏损和债权人或债务人的权益发生的盈亏都不能作出报告；过去的费用与有关当期收入相配比，发生基础不一致的情况。这些后果直接对财务会计的基本前提、原则提出了挑战，也削弱了财务信息的可靠性与相关性。

（5）有些无法或难以用货币可靠计量的资产或负债完全被遗漏、忽略，但是此类信息均具有决策价值。被忽略的资产，比如，矿物、天然气或石油的已发现价值、牲畜、木材的增长价值、公司自创的商誉、企业自行设计的专利权、人力资源等。被忽略的负债，比如，各种执行中的赔偿合同、管理人员的报酬合约、信用担保、企业所承担的社会责任等。

（6）对不同的资产项目采用不同的计价方法，使报表上得出的合计数失去了可比的基础而变得难以解释，影响了财务信息的相关性。

为了作出正确的财务分析，财务分析人员必须利用各种知识、经验去判断，甚至需要收集其他相关的非会计所提供的信息加以支持。

2. 资产负债表的格式

资产负债表主体的格式主要有账户式、报告（垂直）式和财务状况式三种。

在我国，资产负债表需要采用的是账户式的格式，报表分为左右两方，左方列示资产各项目，反映全部资产的分布及存在形态；右方列示负债和所有者权益各项目，反映全部负债和所有者权益的内容及其构成情况。

3. 资产负债表的作用

（1）了解企业经济资源的种类及分布

通过企业所制定的资产负债表，可以对企业所拥有的经济资源的种类及其分布有一个清晰的了解，计算出企业流动资产、长期投资、固定资产及无形资产等各项资产在总资产中的比重，分析资产的构成是否合理，从而评估企业财力的强弱。

（2）衡量企业的财务风险

通过资产负债表的负债项目，可以显示出企业所承担债务的不同偿还期限，对企业所面临的财务风险有一个全面的了解和把握，看出企业所亟待偿还的流动负债的数额，并且还可以计算出流动负债和长期负债在总负债中所占比重，分析企业偿还债务的风险。同时，通过资产负债表的所有者权益项目，可以说明企业投资者对本企业资产所持有的权益份额，了解企业财务实力。

（3）评价企业的偿债能力

在资产负债表中所反映出来的资金流动性情况，有助于对企业的短期偿债能力进行评价。资金流动性是指资产转换成现金到期偿债所需时间。除现金本身外，资产变现越快，其流动性越强。短期偿债能力主要靠流动资产的流动性来衡量。资产负债表中流动资产与流动负债的相关信息能够反映资产的流动性,这些信息对评价企业短期的偿债能力具有重要作用。同时,长期投资与长期负债的相关信息能够反映企业长期偿债能力的高低。

(4)预测企业的发展前景

通过资产负债表年初数和年末数的对比分析,可以看出企业的财务变动趋势:总资产是否增加;企业资产、负债、所有者权益增减数额;判断企业的财务状况是上升趋势,还是下降趋势。

(三) 现金流量表

1. 现金流量表的概念

现金流量表是指反映企业一定会计期间现金和现金等价物流入和流出的报表。其中,现金是指企业的库存现金以及可以随时用于支付的存款;现金等价物是指企业持有的期限短、流动性强、易于转换为已知金额现金、价值变动风险很小的投资。企业的现金流转情况在很大程度上影响着企业的生存和发展。企业现金充裕,就可以及时购入必要的材料和固定资产,及时支付工资、偿还债务、支付利息和股息;企业现金匮乏,轻则影响企业的正常生产经营,重则危及企业的生存。现金的流转受到企业管理人员、投资者、债权人以及政府监管部门的关注。从编制原则上看,现金流量表按照收付实现制原则编制,将权责发生制的盈利信息调整为收付实现制下的现金流量信息,便于信息使用者了解企业净利润的质量。从内容上看,现金流量表被划分为经营活动、投资活动和筹资活动三个部分,每类活动又分为各具体项目,这些项目从不同角度反映企业业务活动的现金流入与流出,弥补了资产负债表和利润表提供信息的不足。

虽然利润是评价企业经营业绩及盈利能力的重要指标,但却存在一定的缺陷。利润是收入减去费用的差额,而收入费用的确认与计量是以权责发生制为基础,广泛地运用收入实现原则、费用配比原则、划分资本性支出和收益性支出原则等来进行的,其中包含了太多的会计估计。尽管会计人员在进行估计时要遵循会计准则,并有一定的客观依据,但不可避免地要运用主观判断。由于收入与费用是按其归属来确认的,而不管是否实际收到或付出了现金,以此计算的利润常常使一个企业的盈利水平与其真实的财务状况不符。有的企业账面利润很大,看似业绩可观,现金却入不敷出,举步维艰;有的企业虽然巨额亏损,却现金充足,周转自如。因此,仅以利润来评价企业的经营业绩和获利能力有失偏颇。因此,要结合现金流量表所提供的现金流量信息,特别是经营活动现金流量的信息来进行评价。

2. 现金流量表的格式

目前在编制现金流量表时，报告经营活动对现金流量影响的方法有两种：直接法和间接法。在直接法下，一般是以利润表中的营业收入为起算点，调节与经营活动有关的项目的增减变动，然后计算出经营活动产生的现金流量。在间接法下，将净利润调节为经营活动现金流量，实际上就是将权责发生制原则编制的净利润调整为现金净流入，并剔除投资活动和筹资活动对现金流量的影响。采用直接法编报的现金流量表，便于分析企业经营活动产生的现金流量的来源和用途，预测企业现金流量的未来前景。采用间接法编报的现金流量表，便于将净利润与经营活动产生的现金流量净额进行比较，了解净利润与经营活动产生的现金流量有差异的原因，从现金流量的角度分析净利润的质量。因此，按不同方法编制的现金流量表的格式有所不同，但反映的内容基本一致，只是侧重点有所差别。

我国企业会计准则规定企业应当采用直接法编报现金流量表，同时要求在附注中提供以净利润为基础调节到经营活动现金流量的信息。

3. 现金流量表的作用

（1）有利于帮助投资人和债权人评估公司偿还债务的能力、支付股利的能力以及对外融资的需求。公司清偿债务时，需动用现金资源；向股东支付股利也需付出现金。公司净现金流量越多，对外融资的需求度就越低。

（2）有利于帮助投资人、债权人及其他信息使用者评估公司创造未来现金净流量的能力。公司的投资人、债权人的投资和信贷动机，最终都会落在对获取现金流量的追求上，为了作出正确的投资决策和信贷决策，他们需要依据财务报告提供的信息来对公司现金收入的来源、时间和不确定性进行评估，其中包括股利或利息的获得、证券变卖所得、贷款本金的清偿等。

（3）有利于帮助报表使用者评估当期的现金和非现金投资与理财活动对公司财务状况的影响。现金流量表不仅要披露与现金收支有关的经营活动、投资活动和筹资活动，而且要披露非现金的投资活动和理财活动，即通过现金流量表，可以掌握公司全部财务状况的变动情况。

（4）有利于帮助报表使用者分析净收益与相关的现金收支产生差异的原因。财务报告中对损益的确认是遵循权责发生制而非收付实现制，因而不可避免地导致净收益与现金收支之间产生差异，这就需要利用现金流量表分析差异产生的原因，便于作出正确的决策。

二、财务会计报表分析的功能

(一) 有助于资产管理能力指标分析

资产管理能力是指企业在资产管理方面的效率,它标志着资产的运行状态及其管理效果的好坏,而这种状况和效果的好坏将对企业的偿债能力和获利能力产生重要的影响。资产运用效率主要取决于经营资产的拥有量及其营运能力或其周转状况,而资产的运营能力或周转状况主要表现为资产实现营业收入的能力,因此,我们主要用营业收入与经营资产之比来衡量资产管理能力,通常用资产周转率来衡量。

资产周转率主要包括总资产周转率、固定资产周转率、流动资产周转率等。

1. 总资产周转率

总资产周转率是指企业一定时期的营业收入与资产总额的比率,它说明企业的总资产在一定时期内周转的次数。其计算公式为:

$$总资产周转率 = \frac{营业收入}{资产平均余额}$$

总资产周转率可以用来分析企业全部资产的使用效率。如果该指标较低,说明企业利用其资产进行经营的效率较差,会影响企业的获利能力,企业应该采取措施提高营业收入或处置不需要的资产,以提高总资产的利用率。

一般来说,资产周转率越高越好。当企业的其他条件不变而营业收入上升时,或者营业收入不变而资产平均余额下降,或者营业收入增长速度大于资产平均余额增长速度,资产周转率上升;反之,当企业的其他条件不变而营业收入下降,或者营业收入不变而资产平均余额上升,或者营业收入增长速度小于资产平均余额增长速度,资产周转率下降,表明资产运用效率降低,资产管理能力下降。

2. 固定资产周转率

固定资产周转率是指企业一定时期的营业收入与固定资产平均余额的比率。它是反映企业固定资产运用状况,衡量固定资产运用效率的指标。其计算公式为:

$$固定资产周转率 = \frac{营业收入}{固定资产平均余额}$$

固定资产周转率反映企业固定资产在一定时期内实现的营业收入的多少,以此说明企业固定资产的运用效率。一般来说,固定资产周转率越高,表明企业通过销售补偿固定资产折旧费的能力越强,说明企业固定资产投资得当,固定资产结构分布合理,能够较充分地发挥固定资产的使用效率,企业的经营活动越有效;反之,则表明企业固定资产使用效率不高,提供的生产经营成果不多,固定资产的运用效率较差。

3. 流动资产周转率

流动资产周转率是指企业一定时期的营业收入与流动资产平均余额的比率,说明企业流动资产在一定时期内周转的次数。流动资产周转率是反映企业流动资产运用效率的主要指标。其计算公式为:

$$流动资产周转率 = \frac{营业收入}{流动资产平均余额}$$

流动资产周转是指流动资金从货币形态开始,通过采购、生产、销售各阶段,再回到货币形态的整个过程。流动资产完成一次周转,不但能够补偿生产销售过程中的各种消耗,还可以为企业带来新的价值。流动资产周转次数越多,资产流动速度越快,增值也就越大。企业销售水平一定时,提高流动资产周转率,可以降低流动资产占用,会相对节约流动资产,等于相对扩大资产投入,增强企业盈利能力;当企业流动资产平均余额一定时,提高流动资产周转率,可以提高销售水平,增加企业的盈利。因此,一般来说,企业流动资产周转率越快,周转次数越多,表明企业以相同的流动资产占用实现了更多的营业收入,说明企业流动资产的运用效率越高,企业的资产管理能力越强;反之,流动资产周转率越慢,需要补充流动资产参加周转,形成资金浪费,降低企业盈利能力,表明企业利用流动资产进行经营活动的能力越差,流动资产的运用效率越低。

(二) 有助于获利能力指标分析

企业的获利能力是指企业利用各种经济资源创造利润的能力。企业实现的利润,是企业一定时期生产经营活动的成果,企业可以通过采购、生产、销售、筹资、投资等多种途径的经营决策和管理工作,来提高企业创造利润的能力。对企业获利能力的分析,一般可通过分析企业的盈利结构,评价企业盈利的稳定性和变化趋势;通过投入产出关系,分析企业盈利水平的高低;通过分析企业经营现金净流量,揭示企业盈利能力的质量。

1. 盈利结构分析

企业的盈利是指由各项收入减各项支出得到的,盈利结构是指企业盈利中各收支项目或盈利项目占总收支或总利润的比例关系。

利润是不同收支配比的结果，首先，盈利的稳定性取决于收支结构的稳定性，当收入和支出同方向变动时，只有收入增加不低于支出增加，或者收入减少不超过支出减少，盈利具有稳定性；当收入和支出反方向变动时，收入增加而支出减少盈利稳定，反之则不稳定。其次，盈利的稳定性取决于主营业务利润所占利润总额的比例。若息税前利润占总利润的比例稳定，则表现了企业盈利的稳定性与连续性。因为，息税前利润是企业利润的主要来源，息税前利润的比重大，企业的盈利结构的安全性就大；如果企业的大部分利润来源于非营业收入或投资收益，尽管该企业的利润水平可能很高，但其盈利的稳定性较差，投资者很容易预测其利润会发生较大的波动。

企业的营业收入能够持续稳定地增长，必然使企业的盈利持续稳定地提高，企业的投资收益和公允价值变动损益等项目，不够稳定，不能完全依靠它们来持续稳定地提高企业盈利。因此，分析盈利结构的相对指标主要包括，营业毛利率、税前利润率、息税前利润率、成本费用利润率和营业利润率等。

（1）营业毛利率

营业毛利率是指毛利额占营业收入的比率。其计算公式为：

$$营业毛利率 = \frac{毛利额}{营业收入} \times 100\%$$

$$毛利额 = 营业收入 - 营业成本$$

毛利额是形成利润的基础，没有足够大的营业毛利率就不能盈利，企业毛利额越高，用来抵补其他支出的能力越强，抵补各项支出后的利润越大，企业的盈利能力自然越强，所以营业毛利率越高越好。

营业毛利率能够很好地反映企业在销售价格与营业成本之间的控制效果。一般来说，营业毛利率主要受销售价格、营业成本和不同营业毛利率产品的销售比重等因素影响，销售价格越高，营业成本越低，营业毛利率高的产品所占销售比重越高，企业的营业毛利率就越高，说明企业在销售价格和营业成本之间的控制越有成效，企业的盈利能力越强，越稳定；反之，则企业的盈利能力越弱，越不稳定，评价企业营业毛利率的优劣时，没有绝对标准，必须与企业历年的情况和同行业水平进行比较，才能作出正确的判断。

（2）税前利润率

税前利润率是指企业所得税前利润（或利润总额）与营业收入的比率，它反映企业最终盈利能力。其计算公式为：

$$税前利润率=\frac{企业所得税前利润（或利润总额）}{营业收入}$$

（3）息税前利润率

息税前利润率是指企业的息税前利润与营业收入的比率，反映出营业收入所实现的息税前利润。该指标越高，说明企业的盈利能力越强，盈利结构越稳定，如果能保持息税前利润率连续提高，说明企业在市场中的地位逐渐上升，有良好的发展前景。其计算公式为：

$$息税前利润率=\frac{息税前利润}{营业收入}$$

息税前利润=营业毛利额-营业税金-管理费用-销售费用

该指标与营业毛利率相比，不仅考虑了与业务直接相关的成本费用，而且也考虑了不随业务变化的固定费用，能全面反映企业的盈利能力。

企业在一定时期的利润总额是由息税前利润和非营业收益（即投资收益+公允价值变动损益+非流动资产处置损益-资产减值损失）组成的。要想反映企业一定时期总的盈利能力，必须通过息税前利润率这一指标进行反映，股东、债权人、管理者最关心的是企业总的盈利能力，因此，计算并分析该指标是非常必要的。

单独分析息税前利润率和税前利润率都不能全面说明企业盈利结构的稳定性和持久性，只有将两个指标结合起来分析，才能达到目的。一般来说，当税前利润率较高，而税前利润率与息税前利润率之间的差额较小时，企业的盈利能力较稳定；当税前利润率较高，而税前利润率与息税前利润率之间的差额较大时，企业盈利能力较强但不稳定；当税前利润率较低，而税前利润率与息税前利润率之间的差额较小时，企业盈利能力较弱但较稳定；当税前利润率较低，而税前利润率与息税前利润率之间的差额较大时，企业盈利能力较弱且不稳定。在分析企业盈利稳定性时，最好是分析比较连续若干年的指标数据，判断其变化趋势，这样才能得出较为客观的结论。

（4）成本费用利润率

成本费用利润率是指企业的利润总额与成本费用总额的比率，是反映成本费用与净利润之间关系的主要指标。其计算公式为：

$$成本费用利润率=\frac{利润总额}{成本费用总额}$$

成本费用总额=营业成本+（销售费用+管理费用+财务费用）

该指标表明每付出一元成本费用能获得多少利润，该指标越高，说明盈利能力越强。成本费用利润率是所得与所耗的直接比较，可以综合反映企业效益的好坏。通过分析该指标，一方面可以反映企业的盈利能力，另一方面便于查明成本费用升降原因，制定降低成本费用的措施，增强盈利能力。

（5）营业利润率

营业利润率是指企业净利润与营业收入的比率，它是用来衡量企业营业收入的收益水平的一个指标。其计算公式为：

$$营业利润率 = \frac{净利润}{营业收入}$$

净利润 = 息税前利润 - 财务费用 + 投资净收益 + 公允价值变动损益 + 非流动资产处置损益 - 资产减值损失 - 所得税费用

该指标与净利润成正比与营业收入成反比，所以企业增加营业收入时，必须相应获得更多的净利润，才能使营业利润率不变或有所提高。所以通过对该指标的分析，可以促使企业在扩大销售的同时，注意改进经营管理，提高盈利水平。

2. 盈利的现金收益分析

通过对企业经营过程中产生的现金净流量的分析，可以揭示企业盈利的质量，以避免出现账面利润很大，实际利润却没有的现象。考核盈利的现金收益指标主要有，每股营业现金流量和全部资产现金回报率两个。

（1）每股营业现金流量

每股营业现金流量是反映每股发行在外的普通股股票所平均占有的现金流量，或者说是反映公司为每一普通股获取的现金净流量。其计算公式为：

$$每股营业现金流量 = \frac{经营活动现金流量净额}{发行在外的普通股股数}$$

该指标所表达的实质是作为每股盈利的支付保障的现金流量，因而每股营业现金流量越高，越为股东们所乐意接受。它反映了每股流通在外的普通股的现金流量。它不仅可以考察每股收益的质量，还可以考察企业现金股利的支付能力，该指标越大，说明企业支付现金股利的能力越强。

（2）全部资产现金回报率

全部资产现金回报率是指经营活动现金流量净额与全部资产的比率，它反映企业运用全部资产获取现金的能力。其计算公式为：

$$全部资产现金回报率 = \frac{经营活动现金流量净额}{全部资产} \times 100\%$$

3. 盈利的投资收益分析

一个企业的利润额和各种以营业收入为基础的利润率能有较大的提高，一方面，可以通过加速资金周转，提高营运效率来实现；另一方面，也可以通过增加资金投入来实现，但资金投入的增长幅度超过利润额和各种以营业收入为基础的利润率的增长幅度时，不但不能提高，反而可能会降低投资收益率。因此，单纯从盈利结构分析或通过各种利润率指标来分析，是无法反映企业的投资收益情况的，必须在盈利结构分析的基础上，将企业资产的投入和产出的利润进行对比分析，才能充分全面地反映企业的盈利能力。

从盈利结构角度对企业的盈利能力进行分析评价，虽然在一定程度上可以表明企业的盈利能力和盈利稳定性，但没能联系企业资产投入进行分析，企业的盈利是企业资金投入使用的结果，无论是股东、债权人还是企业管理者都希望知道投入与产出的关系，单纯分析盈利结构，销售毛利率、息税前利润率等指标是无法反映企业的投资收益情况的，必须在盈利结构分析的基础上，将企业资产的投入和产出的利润进行对比分析，才能充分全面地反映企业的盈利能力。分析指标主要有资产收益率和净资产收益率等。

（1）资产收益率

资产收益率又称为投资报酬率，是企业一定期间内实现的利润与该时期企业平均资产总额的比率，它是用来判断企业运用全部资产获取报酬能力高低的指标。其计算公式为：

$$资产收益率 = \frac{净利润}{平均资产总额} \times 100\%$$

（2）净资产收益率

净资产收益率是指净利润与净资产平均余额之间的比率。其计算公式为：

$$净资产收益率 = \frac{净利润}{净资产平均余额}$$

该比率体现了由企业投资者拥有的权益获取净收益的能力，反映的是投入资本及其积累与报酬的关系，是评价企业资本经营效率的核心指标。

该指标是最具综合性和代表性的指标。由于在市场经济条件下，利润率具有平均化的趋势，因此，该指标不受行业不同的限制，通用性强，适用范围广。一般认为，净资产收益率越高，资本运营效益越高，投资者和债权人的利益受保障的程度也就越高。

（三）有助于偿债能力指标分析

企业的偿债能力，从动态方面来说，是指企业资产和经营过程创造的收益偿还长、短期债务的能力；从静态方面来说，是指用企业资产清偿企业长、短期负债的能力。因此，企业有无支付现金的能力和偿还债务的能力是企业能否继续生存和发展的关键。

企业的偿债能力不但决定企业的借款能力，而且影响企业的信誉，会给企业的生产经营带来直接影响。当企业偿债能力较差时，投资者可以通过资本市场抛出企业的股票或债券，银行也会提出提高贷款利率的要求以补偿其承担的偿债风险，供应商则有可能拒绝企业延期付款；当企业偿债能力较强时，企业比较容易筹集到所需资金，比较容易得到利率、付款期等方面的优惠。企业的偿债能力影响着企业的投资能力、发展能力和盈利能力，因此，企业的管理者、投资人、债权人和客户都要进行企业偿债能力的分析。企业的偿债能力根据时间的长短，可以分为短期偿债能力和长期偿债能力。

1. 短期偿债能力分析

短期偿债能力是指企业偿还流动负债的能力。流动负债对企业的财务风险影响较大，如果不能及时偿还，就可能使企业面临倒闭的危险。一般情况下，除非企业停产清算，企业绝不会出售长期资产偿还到期的债务，因此，研究流动资产和流动负债的比率关系和流动资产的变现能力，成为分析评价企业偿债能力的重点。

一般来说，流动负债需以流动资产偿付，通常它需要以现金来直接偿还。因此，可以通过分析流动资产与流动负债之间的关系来判断短期偿债能力。作为偿还流动负债的物质保证，流动资产与流动负债相比，数值越大，表明企业的短期偿债能力越强；反之，流动资产与流动负债相比，数值越小，表明企业的短期偿债能力越弱。另外，流动资产的变现能力或质量也是影响短期偿债能力的重要因素。因为流动资产相对流动负债来说数量足够大，只是保证短期偿债能力的必要条件，而不是充分条件。用流动资产作为偿还流动负债的物质保证，是以流动资产能够按期正常地转换成现金为前提条件的。如果流动资产数量很大，但质量不高，周转缓慢，无法转换成现金，自然要影响短期债务到期的清偿。因此，分析企业短期偿债能力时，必须充分注意到上述两个因素的影响，才能得出正确、恰当的结论。

（1）反映流动资产变现能力或质量的指标分析

衡量企业流动资产变现能力或质量的指标主要有，应收账款周转率和存货周转率。

第一，应收账款周转率。

应收账款周转率是指企业赊销净额与应收账款平均余额的比率。它反映了企业应收账款周转的次数，说明了企业在一定期间内收回赊销账款的能力，或者说反映了企业应收账款的变现速度。其计算公式为：

$$应收账款周转率 = \frac{营业收入}{应收账款平均余额}$$

$$应收账款平均余额 = \frac{年初应收账款余额 + 年末应收账款余额}{2}$$

企业的应收账款周转率越高，周转次数越多，表明企业应收账款回收的速度越快，经营管理的效率越高，资产的流动性越强，短期偿债能力越强。反之，较低的应收账款周转率，则说明企业有过多的经营资金呆滞在应收账款上，影响正常的资金周转，则应加强应收账款的管理和催收工作。但应注意，过严的信用政策会制约销售规模，减少盈利的机会。可结合对应收账款的分析，来确定企业原定的赊销期限和信用政策是否恰当。

应收账款周转率也可以用周转天数表示，应收账款周转天数比应收账款周转率更为直观。其计算公式为：

$$应收账款周转天数 = \frac{365}{应收账款周转率}$$

评价企业应收账款周转天数时要结合企业销售商品的条件考虑。如果企业的销售条件为20天内付款，那么应收账款周转天数为32天而不是20天，则表明由于购货方没能及时支付货款，将使企业计划要投资于有生产能力的资产上的资金受到占用。而且，有些购货方推迟支付货款，可能是因为对方已陷入了财务困境，那么企业可能受到连带，很难收回应收款项。因此，如果过去几年里企业应收账款周转天数逐渐上升，而企业信用政策没有改变，那么企业必须采取措施加速收回应收账款。

第二，存货周转率。

存货周转率是指企业的营业成本与存货平均余额的比率。它反映了企业一定时期内存货的周转速度或周转次数及存货管理水平的高低，是整个企业管理的一项重要内容。其计算公式为：

$$存货周转率 = \frac{营业成本}{存货平均余额}$$

$$存货周转天数 = \frac{365}{存货周转率}$$

存货周转率不仅是考核企业存货周转情况的指标,还与企业的获利能力直接相关,存货周转率越高,周转次数越多,表明企业存货回收速度越快,企业的经营管理效率越高,资产的流动性越强,短期偿债能力越强,利润率也越高;反之,较低的存货周转率则是企业存货周转缓慢或库存商品过时积压的征兆。企业应使存货管理在保证生产经营连续性的同时,尽可能地少占用经营资金,提高资金的使用效率,增强企业的短期偿债能力,促进企业管理水平的提高。

为了分析影响存货周转速度的具体原因,还可按原材料、在产品和产成品来分别计算周转率,以分析它们在供、产、销不同阶段的运营情况。

(2) 反映流动资产与流动负债数量比率的指标分析

衡量资产相对于负债的流动性比率通常包括,流动比率、速动比率、现金流量比率和到期债务本息偿付比率等指标。

第一,流动比率。

流动比率是指流动资产与流动负债的比率。它反映了企业用流动资产偿还流动负债的保证程度。其计算公式为:

$$流动比率 = \frac{流动资产}{流动负债}$$

如果企业出现财务上的困难,可能无法按时支付货款,或需要向银行申请贷款延期,结果造成流动负债比流动资产增加得快,流动比率下降。因此,流动比率下降可能是企业出现财务困难的一个信号。企业一方面要计算历年的流动比率,以便于发现变化趋势;另一方面还要将本企业的流动比率与从事类似经营活动的其他企业的流动比率进行比较,以了解本企业在同行业中所处的水平。

一般来讲,流动比率越高,企业的流动性越好。由于流动性对企业的生存至关重要,因此,较高的流动比率比较低的流动比率更受欢迎。但是任何事物都有两个方面,如果一家企业有过高的流动比率,那么这也可能说明资金被占用在现金或其他流动资产上,而没有实现对资金的有效使用。

第二,速动比率。

速动比率是指速动资产与流动负债的比率。速动资产是指流动资产中扣除存货、预付账款及其他流动资产后,能够快速变现的资产。速动比率是流动比率的一个辅助指标,通常用来反映企业流动资产中可以立即偿还流动负债的能力。其计算公式为:

$$速动比率 = \frac{速动资产}{流动负债}$$

尽管流动比率可以从总体上评价企业的短期偿债能力，但短期债权人还希望获得更能直接反映短期偿债能力的指标。在流动资产中，各项目的流动性或变现能力是不相同的。尤其是存货，由于在企业的流动资产中，所占的比重较大，变现速度较慢，还可能存在积压、毁损、成本计价等问题，况且企业也不应该靠变卖存货来清偿债务。因此，把存货从流动资产中扣除而计算出来的速动比率，更能直接反映短期偿债能力，更加令人信服。

一般情况，短期债权人希望速动比率越高越好，该比率越高，表明短期偿债能力越强，风险越小。但从股东和管理当局的角度来说，过高的速动比率会使企业无法把足够的流动资金投入存货、固定资产等经营资产上，从而可能使企业丧失良好的获利机会，降低企业的获利能力。

由于资产负债表与利润表所提供的信息来源于权责发生制，它需要对赚取的收入和发生的费用进行配比，这就不可避免地存在会计估计和会计政策的选择问题，易受管理当局的预期影响和操纵，难以提供足够的有关企业流动性及长期偿债能力的信息。而这些问题，通过结合现金流量分析，可予以适当的解决。因为现金流量的信息来源于收付实现制，管理层的判断和估计较小，操纵性较小。所以用现金流量指标来做辅助分析企业的偿债能力，越来越受到人们的重视。现金流量比率和到期债务本息偿付比率，是反映企业偿债能力的一个补充指标。

第三，现金流量比率。

现金流量比率是指企业经营活动所产生的现金净流量与流动负债的比率。它反映经营现金对流动负债偿还的保障程度。其计算公式为：

$$现金流量比率 = \frac{经营活动所产生的现金净流量}{流动负债}$$

根据资产负债表确定的流动比率虽然也能反映流动性，但有很大局限性，其主要原因是：其一，作为流动资产主要成分的存货并不能很快转变为可偿债的现金；其二，流动资产中的应收及预付款项也不能立即转变为现金。因此，许多企业有大量的流动资产，但现金支付能力却很差，甚至无力偿债而破产清算。真正能用于偿还债务的是现金流量。现金流量和债务的比较可以更好地反映偿还债务的能力。该指标数值越高，企业偿还短期债务的能力越强。该比率本身并不能提供什么清晰的信息，但是比率在年度间的变化则可以帮助了解企业的现金流量状况。

第四，到期债务本息偿付比率。

到期债务本息偿付比率是指企业经营活动产生的现金净流量与本期到期债务本息之间的比率。它反映经营活动产生的现金净流量对本期到期债务本息偿还的保障程度。其计算公式为：

$$到期债务本息偿付比率 = \frac{经营活动产生的现金净流量}{本期到期债务本金+现金利息支出}$$

如果该指标大于1，则表示企业本期产生的现金流入，在支付生产经营活动所需的基本支出后，有能力支付到期的债务，剩余部分还可以用于企业的投资和给投资者派发利润；如果该指标小于1，则表明企业本期产生的现金流入量，在支付生产经营活动的基本支出后，不够偿付到期的债务，需要动用期初结存的现金，若期初结存现金小于不足部分，则企业需要借新债还旧债；若企业不具有再负债筹资的能力，则企业的偿债能力存在较大的问题。

2. 长期偿债能力分析

（1）反映收益偿债能力的指标分析

企业持续稳定的盈利能力是偿还长期债务的根本保证。一般来说，长期负债具有时间长、金额大、利率高的特点，主要用来增加企业的长期资产。为了保证在长期负债到期时有足够的资金偿还，企业必须事先建立偿债基金，而偿债基金的来源主要包括提取的折旧和企业盈利。提取折旧是对投资本金的收回，这种收回必须建立在企业正常经营周转的前提下，通过实现销售而得到补偿，如果资金不能正常周转，就无法从营业收入中补偿长期资产的损耗。另外，通过折旧只能收回长期资产投资的本金，要想保证长期负债利息的偿付，企业必须有盈利，只有盈利才能逐渐积累偿债资金，才能保证企业有足够的资金偿还长期负债的利息，一个长期不盈利的企业要想保全资本都很困难，更不用说按期偿还长期债务本息了。因此，在分析长期偿债能力时，必须特别重视企业盈利能力的稳定性，企业只有持续稳定地获得利润，才能为偿还长期债务本息提供可靠的保证。反映收益偿债能力的主要指标是：已获利息倍数。

已获利息倍数又称为利息保障倍数，是指企业在一定时间所获得的全部利润与所支付的全部利息费用的比率。该指标是从企业获利的角度分析长期偿债能力的一个重要指标，它通过倍数关系反映了企业用所获得的利润支付利息费用的能力。其计算公式为：

$$已获利息倍数 = \frac{利润总额+利息费用}{利息费用}$$

一般来说，已获利息倍数越大，企业的偿债能力越强。一个企业的资产负债率越高，所需支付的利息费用越多，负担越重，如果借入资本的盈利大于应付的债务利息，企业就有足够的利润来偿还利息，而且还会给所有者或股东带来更大的收益；相反，如果应付的债务利息有可能超过借入资本的盈利，那么，举债经营就会给企业带来很大的偿债风险。这种风险程度可以用已获利息倍数指标来衡量。从长远看，企业已获利息倍数至少要大于1，否则便不能举债经营。但是在短期内，因为有些项目不需当期支付现金，如折旧等，有些企业的已获利息倍数小于1时，也可能有能力偿付债务利息。

对一个企业来说，某一时期的已获利息倍数很难判断该企业长期偿债能力的好坏，应结合历史和同行业进行对比分析。一个企业往往需要计算连续五个年度已获利息倍数，才能正确评价企业长期偿债能力的稳定性。通常是选择一个指标最低的会计年度来评价长期偿债能力的稳定性。因为不论年度经营好坏，企业总要偿还数额总量相近的债务利息，采用指标最低的年度数据，保证了企业最低的偿债能力，这是一种最谨慎的方法。

该指标计算所需数据来源于利润表，但由于利润表披露内容的限制，使该比率计算缺少足够的数据，外部报表使用者很难计算和利用这一指标，但对于企业内部来说，则不存在这一问题。

（2）反映资本结构的指标分析

资本结构是指企业各种资本的构成及其比例关系，或是说企业全部资本来源中负债与股东权益二者各占的比重及其比例关系。合理的资本结构是保证企业能够偿还长期债务的前提。

企业的全部资本是由自有资本（股东权益资本）与债务资本组成的，因为企业对资本的需要量分为永久需要部分和临时调剂部分，自有资本筹资成本较高，但可在企业的存续期内永久使用，不需退还，是企业稳定持久的资本来源。债务资本的筹资成本相对较低，可随借随还，也能满足企业资本周转需要。但由于它需要定期偿还并支付利息，给企业带来偿债压力，企业因此可能产生不能支付到期债务的风险。这样企业面临两难选择：采用债务资本筹资成本低，可调节资本余缺，满足临时需要，但风险大；采用自有资本虽然风险小，能持续永久地占用，但成本高，而且不能根据资本余缺进行适时调整。因此，必须将两种筹资方式结合起来，这就形成了既有自有资本又有债务资本的资本结构。

企业在经营和发展过程中总会遇到各种风险，这些风险的最终结果大都是以亏损来表现的,自有资本则是承担亏损的本金,自有资本的比例代表了企业承担风险,应付来自市场和突然事件的能力。因此,在资本结构中,必须保有一定比例的自有资本,以确保长期债务在遇到经营风险时仍能清偿。如果企业债务占的比例很大,就会将大部分经营风险转移到债权人身上,长期债权人权益就难以保障,同时也会给企业今后的融资带来很大困难。因此,保持足够大的自有资本比例是企业在经营困难时保证偿还长期债务的前提。

反映资本结构的财务比率主要包括,资产负债率、负债权益比率(产权比率)、债务与有形净值比率、股东权益比率倒数(权益乘数)。

第一,资产负债率。

资产负债率又称为债务比率,是企业全部负债总额与全部资产总额的比率,它表示企业从债权人处所筹集的资金占企业全部资产的比例。该指标反映债权人提供的资金占企业总资本的比重,表明企业的负债经营程度,以及债权人的债权保障程度。其计算公式为:

$$资产负债率=\frac{负债总额}{资产总额}\times100\%$$

债权人最关心资产负债率,他们希望资产负债率越小越好。该比率越小,表明企业的长期偿债能力越强,债权人权益的物质保障程度越大,贷给企业的款项越安全,不能按期收回本息的风险越小;反之,比率越高,对债权人越不利。

对投资者来说,他们最关心的是净资产收益率,当企业的净资产收益率大于借款利率时,他们希望资产负债率越大越好,资产负债率越大,投资人获得的利润越多。因为负债利息可在税前抵扣,可少纳税,资产负债率高,这种节税带来的收益就大。也就是说投资者可以用债权人的钱来为自己赚钱;相反,净资产收益率小于借款利率时,他们希望资产负债率越小越好,因为当借款利率大于净资产收益率时,借入资本多支付的利息要由属于股东的利润来偿还,这对投资人是不利的,这也正是财务杠杆所起的作用。

第二,负债权益比率。

负债权益比率是指负债总额与股东权益总额之间的比率,又称为债务股权比率或产权比率。它反映了债权人提供的资本与业主(自有)提供的资本之间的相互关系,以及债权人在企业破产时被保障的程度。反映企业长期偿债能力的核心指标是资产负债率,负债权益比率是对资产负债率的必要补充,该指标越小,表明债权人承担的风险越小,企业的财务结构越稳定,长期偿债能力越强,反之，债权人承担的风险越高，偿债能力越弱。其计算公式为：

$$负债权益比率 = \frac{负债总额}{股东权益总额} \times 100\%$$

资产负债率侧重分析企业负债偿付安全性的物质保障程度；而负债权益比率则侧重于揭示企业财务结构的稳定程度，以及股东权益对偿债风险的承受能力。

第三，债务与有形净值比率。

债务与有形净值比率或称有形净值债务率是将无形资产从股东权益中予以扣除后，计算企业负债总额与有形净值之间的比率，是评价长期偿债能力更保守的一个财务指标。其计算公式为：

$$债务与有形净值比率 = \frac{负债总额}{有形净值}$$

有形资产是指股东权益扣减无形资产净值后的资产，它是企业偿付债务的主要源泉。无形资产相对缺乏可靠的价值，债务与有形净值比率将商誉、专利权、商标权等无形资产从净资产中扣除，因此，它是评价企业长期偿债能力的更为保守和稳健的一个财务指标。它将企业偿债安全性分析建立在更加切实可靠的物质保障基础上，在企业陷入危机、面临破产等特殊情况下，使用该指标衡量企业的长期偿债能力更有实际意义。

该指标越低，表明企业的长期偿债能力越强，对债权人越有利。

第四，权益乘数。

权益乘数又称为权益总资产率，是指资产总额与股东权益的比率，它是股东权益比率的倒数，主要反映了全部资产与股东权益的倍数关系。其计算公式为：

$$权益乘数 = \frac{资产总额}{股东权益}$$

权益乘数与资产负债率都是用于衡量长期偿债能力的指标，两者的区别在于，权益乘数侧重揭示资产总额与股东权益的倍数关系，倍数越大风险越高；资产负债率侧重于揭示总资本中有多少是靠负债取得的。

3. 长、短期偿债能力分析的比较

（1）两者之间的关系

第一，短期偿债能力决定着企业长期偿债能力的最终实现。如果企业的流动资产变现能力差，不能偿还到期的负债，即使它有很优秀的长期偿债能力指标，也会因摆脱不了破产清算的命运而变得毫无意义了。

第二，长期偿债能力是短期偿债能力的基础和保障。任何短期偿债能力最终都可以归结为其长期偿债能力的转化，若不考虑企业的长期偿债能力，通过变卖固定资产等方式增加短期资产流动性，所提高的短期偿债能力只能是昙花一现。因此，只有依靠长期偿债能力做后盾实现的短期偿债能力才可能发展下去。

（2）两者之间的差异

第一，分析重点的差异。由于企业的短期偿债能力取决于短期资产的流动性，其核心问题是流动资产的质量；企业的长期偿债能力，不仅取决于企业还本付息时的现金流量，而且最终与企业的盈利相关。

第二，分析方法的差异。短期偿债能力的分析方法主要是利用资产负债表提供的数据，计算相关比率指标，进而分析这些指标所反映的企业短期资产的变现能力；长期偿债能力的分析方法则要分别利用资产负债表和利润表的数据，计算相关比率指标，进而分析这些指标所反映的企业资本结构的合理性，以及企业盈利能力对偿债能力的保障程度。

第三章

长期筹资管理

第一节 长期筹资概述

一、长期筹资的概念与意义

长期筹资对于任何企业都是必要的。下面主要讲述企业长期筹资的概念和意义。

(一) 长期筹资的概念

任何企业在创立和发展过程中都需要筹资。企业筹资活动是指企业作为筹资主体，根据经营活动、投资活动和资本结构调整等需要，通过一定的金融市场和筹资渠道，采用一定的筹资方式，经济有效地筹措和集中资本的活动。企业筹资活动是企业的一项重要财务活动，其相关的业务是企业的基本经济业务。

企业的筹资可以分为短期筹资和长期筹资。长期筹资（Long-Term Financing）是指企业作为筹资主体，根据其经营活动、投资活动和调整资本结构等长期需要，通过长期筹资渠道和资本市场，运用长期筹资方式，经济有效地筹措和集中长期资本的活动。长期筹资是企业筹资的主要内容，短期筹资则归为营运资本管理的内容。

资本是企业经营和投资活动的一种基本要素，是企业创建和生存发展的一个必要条件。一个企业从创建到生存发展的整个过程都需要筹集资本。企业最初创建就需要筹资，以获得设立一个企业必需的初始资本，在取得会计师事务所验资证明，据以到市场监管部门办理注册登记后，才能开展正常的生产经营活动。

企业要长期生存与发展，需要经常持有一定规模的长期资本。企业需要长期资本的原因主要有：购建固定资产、取得无形资产、开展长期投资、垫支于长期性流动资产等。企业的长期资本一般是通过投入资本、发行股票、发行债券、长期借款和融资租赁等筹资方式取得或形成的。

（二）长期筹资的意义

1. 扩大企业生产规模的需要

任何企业在生存发展过程中，都需要始终维持一定的资本规模，由于生产经营活动的发展变化，往往需要追加筹资。例如，有的企业为了增加经营收入，降低成本费用，提高利润水平，需要根据市场需求的变化，扩大生产经营规模，调整生产经营结构，研制开发新产品，所有这些经营策略的实施通常都要求有一定的资本。

2. 稳定企业供求关系的需要

企业为了稳定一定的供求关系并获得一定的投资收益，对外开展投资活动，往往也需要筹集资本。例如，有的企业为了保证其产品生产所必需的原材料供应，向供应商投资并获得控制权。

3. 调整企业资本结构的需要

企业根据内外部环境的变化，适时采取调整企业资本结构的策略，也需要及时地筹集资本。例如，有的企业由于资本结构不合理，负债比率过高，偿债压力过大，财务风险过高，主动地通过筹资来调整资本结构。企业持续的生产经营活动，不断产生对资本的需求，需要筹措和集中资本；同时，企业因开展对外投资活动和调整资本结构，也需要筹措和集中资本。

二、长期筹资的原则

长期筹资是企业的基本财务活动，是企业扩大生产经营规模和调整资本结构所必须采取的行为。为了经济有效地筹集长期资本，长期筹资必须遵循合法性、效益性、合理性和及时性等基本原则。

（一）合法性原则

企业的长期筹资活动影响社会资本及资源的流向和流量，涉及相关主体的经济权益，因此，必须遵守国家有关法律法规，依法履行约定的责任，维护有关各方的合法权益，避免非法筹资行为给企业本身及相关主体造成损失。

（二）效益性原则

企业的长期筹资与投资在效益上应当相互权衡。企业投资是决定企业是否要长期筹资的重要因素。投资收益与资本成本相比较的结果，决定着是否要追加筹资；而一旦采纳某个投资项目，其投资数量就决定了所需长期筹资的数量。因此，企业在长期筹资活动中：一方面，要认真分析投资机会，追求投资效益，避免不顾投资效益的盲目筹资；另一方面，由于不同长期筹资方式的资本成本的高低不尽相同，也需要综合研究各种长期筹资方式，寻求最优的长期筹资组合，以便降低资本成本，经济有效地筹集长期资本。

（三）合理性原则

长期筹资必须合理确定所需筹资的数量。企业的长期筹资无论通过哪些筹资渠道，运用哪些筹资方式，都要预先确定筹资的数量。企业筹资固然应当广开财路，但也必须有合理的限度，使所需筹资的数量与投资所需数量达到平衡，避免因筹资数量不足而影响投资活动，或因筹资数量过剩而影响投资效益。

企业的长期筹资还必须合理确定资本结构。合理确定企业的资本结构，主要有两方面的内容：一是合理确定股权资本与债务资本的结构，也就是合理确定企业的债务资本规模或比例，债务资本的规模应当与股权资本的规模和偿债能力的要求相适应。在这方面，既要避免债务资本过多，导致财务风险过高，偿债负担过重；又要有效地利用债务资本经营，提高企业资本的收益水平。二是合理确定长期资本与短期资本的比例，也就是合理确定企业全部资本的期限结构，这要与企业资产所需持有的期限相匹配。

（四）及时性原则

企业的长期筹资必须根据企业资本的投放时间安排来予以筹划，及时地取得资本来源，使筹资与投资在时间上相协调。企业投资一般都有投放时间上的要求，尤其是证券投资，其投资的时间性要求非常重要，筹资必须与此相配合，避免筹资过早而造成投资前的资本闲置或筹资滞后而贻误投资的有利时机。

三、长期筹资的渠道

（一）政府财政资本

政府财政资本是国有企业筹资的主要来源，其政策性很强，通常只有国有独资或国有控股企业才能利用。政府财政资本具有广阔的源泉和稳固的基础,并在国有企业资本金预算中安排,今后仍然是国有独资或国有控股企业股权资本筹资的重要渠道。

(二) 银行信贷资本

银行信贷资本是各类企业筹资的重要来源。银行一般分为商业银行和政策性银行。在我国,商业银行主要有中国工商银行、中国农业银行、中国建设银行、中国银行以及交通银行等;政策性银行有国家开发银行、中国农业发展银行和中国进出口银行等。商业银行可以为各类企业提供各种商业性贷款;政策性银行主要为特定企业提供一定的政策性贷款。银行信贷资本拥有居民储蓄、单位存款等经常性的资本来源,贷款方式灵活多样,可以适应各类企业长期债务资本筹集的需要。

(三) 非银行金融机构资本

非银行金融机构资本也可以为一些企业提供一定的长期筹资来源。非银行金融机构是指除银行以外的各种金融机构及金融中介机构。在我国,非银行金融机构主要有租赁公司、保险公司、企业集团的财务公司以及信托投资公司、证券公司。它们有的集聚社会资本,融资融物;有的承销证券,提供信托服务,为一些企业直接筹集资本或为一些公司发行证券筹资提供承销信托服务。这种筹资渠道的财力虽然比银行小,但具有广阔的发展前景。

(四) 其他法人资本

其他法人资本有时亦可为筹资企业提供一定的长期筹资来源。在我国,法人可分为企业法人、事业单位法人和团体法人等。它们在日常的资本运营中,有时也可能形成部分暂时闲置的资本,为了让其发挥一定的效益,也需要相互融通,这就为企业提供了一定的长期筹资来源。

(五) 民间资本

民间资本可以为企业直接提供筹资来源。我国企业和事业单位的职工和广大城乡居民持有大量的货币资本,可以对一些企业直接进行投资,为企业筹资提供资本来源。

(六) 企业内部资本

企业内部资本主要是指企业通过提取盈余公积和保留未分配利润而形成的资本,这是企业内部形成的筹资渠道,比较便捷,有盈利的企业都可以加以利用。

(七) 国外和我国港、澳、台地区资本

在改革开放的市场条件下,国外以及我国香港、澳门和台湾地区的投资者持

有的资本，亦可加以吸收，从而形成外商投资企业的筹资渠道。

对我国企业而言，在上述各种长期筹资渠道中，政府财政资本、其他法人资本、民间资本、企业内部资本以及国外和我国港、澳、台地区资本，可以成为特定企业股权资本的筹资渠道；银行信贷资本、非银行金融机构资本、其他法人资本、民间资本以及国外和我国港、澳、台地区资本，可以成为特定企业债务资本的长期筹资渠道。

四、长期筹资的类型

由于筹资范围、筹资机制和资本属性不同，企业的长期筹资区分为各种不同类型。

（一）内部筹资与外部筹资

按资本来源的范围不同，企业的长期筹资可分为内部筹资和外部筹资，企业通常在充分利用内部筹资之后，再考虑外部筹资。

1. 内部筹资

内部筹资是指企业通过内部留用利润而形成的资本来源。内部筹资在企业内部自然形成，不需要筹资成本，筹资数量由企业可分配利润的规模和利润分配政策决定。

2. 外部筹资

外部筹资是指企业在内部筹资无法满足企业资金需要时，在企业外部筹资所形成的资本来源。企业在初创期以及成长期内部资金往往难以满足发展需要，因而要广泛开展外部筹资。

企业外部筹资的方式很多，主要有投入资本筹资、发行股票筹资、发行债券筹资和融资租赁筹资等。

企业的外部筹资大多需要花费筹资费用。例如，发行股票、发行债券须支付发行费用；取得长期借款有时须支付一定的手续费。

（二）直接筹资与间接筹资

企业的筹资活动按其是否借助银行等金融机构，可分为直接筹资和间接筹资两种类型。这两种筹资活动的区别，主要取决于宏观筹资机制和政策。

1. 直接筹资

直接筹资是指企业不借助银行等金融机构，直接与资本所有者协商融通资本的一种筹资活动。在直接筹资活动过程中，筹资企业无须借助银行等金融机构，而是直接与资本所有者协商,采用一定的筹资方式取得资本。在我国,随着宏观金融体制改革的深入,直接筹资得以不断发展。

具体而言,直接筹资主要有投入资本、发行股票、发行债券等方式。

2. 间接筹资

间接筹资是指企业借助银行等金融机构融通资本的筹资活动。这是一种传统的筹资类型。在间接筹资活动过程中,银行等金融机构发挥着中介作用,它们先集聚资本,然后提供给筹资企业。间接筹资的基本方式是银行借款和融资租赁。

3. 直接筹资与间接筹资的区别

直接筹资与间接筹资相比,两者有明显的区别,主要表现为以下几个方面。

(1) 筹资机制不同。直接筹资依赖于资本市场机制如证券交易所,以各种证券(如股票和债券)为媒介,而间接筹资则既可运用市场机制也可运用计划或行政手段。

(2) 筹资范围不同。直接筹资具有广阔的领域,可利用的筹资渠道和筹资方式比较多,而间接筹资的范围相对较窄,可利用的筹资渠道和筹资方式比较少。

(3) 筹资效率和筹资费用高低不同。直接筹资因程序较为繁杂,准备时间较长,故筹资效率较低,筹资费用较高,而间接筹资过程简单,手续简便,故筹资效率较高,筹资费用较低。

(4) 筹资效应不同。直接筹资可使企业最大限度地筹集社会资本,并有利于提高企业的知名度和资信度,改善企业的资本结构,而间接筹资有时主要是为了满足企业资本周转的需要。

(三) 股权性筹资、债务性筹资与混合性筹资

按照资本属性的不同,企业的长期筹资可以分为股权性筹资、债务性筹资和混合性筹资。

1. 股权性筹资

股权性筹资(Equity Financing)形成企业的股权资本,亦称权益资本,是企业依法取得并长期拥有,可自主调配运用的资本。根据我国有关法规制度的规定,企业的股权资本由实收资本(或股本)、资本公积、盈余公积和未分配利润等组成。按照国际惯例,股权资本通常包括实收资本(或股本)和留用利润(或保留盈余、留存收益)两大部分。股权性筹资具有下列特征。

(1) 股权资本的所有权归属于企业的所有者。企业所有者依法凭其所有权参与企业的经营管理和利润分配，并对企业的债务承担有限或无限责任。

(2) 企业对股权资本依法享有经营权。在企业存续期间，企业有权调配使用股权资本，企业所有者除了依法转让其所有权外，不得以任何方式抽回其投入的资本，因而股权资本被视为企业的"永久性资本"。

我国企业的股权资本一般是通过政府财政资本、其他法人资本、民间资本、企业内部资本，以及国外和我国港澳台地区资本等筹资渠道，采用投入资本和发行股票等方式形成的。

2. 债务性筹资

债务性筹资（debt financing）形成企业的债务资本，是企业依法取得并依约运用、按期偿还的资本。债务性筹资具有下列特征。

(1) 债务资本体现企业与债权人的债务与债权关系。它是企业的债务，是债权人的债权。

(2) 企业的债权人有权按期索取债权本息，但无权参与企业的经营管理和利润分配，对企业的其他债务不承担责任。

(3) 企业对持有的债务资本在约定的期限内享有经营权，并承担按期还本付息的义务。

我国企业的债务资本一般是通过银行信贷资本、非银行金融机构资本、其他法人资本、民间资本、国外和我国港澳台地区资本等筹资渠道，采用长期借款、发行债券和融资租赁等方式取得或形成的。

企业的股权资本与债务资本具有一定的比例关系，合理安排股权资本与债务资本的比例关系，即资本结构，是企业长期筹资的一个核心问题。

3. 混合性筹资

混合性筹资即上述两种筹资方式的组合。

第二节　股票筹资

股票是股份公司为筹集主权资金而发行的有价证券，是持股人拥有公司股份的凭证，它代表了持股人在股份公司中享有的权利和应承担的义务。

一、股票的种类

（一）按股东权利和义务的不同分类

股票按股东权利和义务的不同，可分为普通股和优先股。

1. 普通股

普通股是股份公司发行的享有管理权而股利不固定的股票。普通股是最基本的股票，具备股票的一般特征，利用普通股筹集的资金是股份公司资本的最基本部分。

2. 优先股

优先股是股份公司依法发行的具有一定优先权的股票。企业对优先股不承担法定的还本义务，利用优先股筹集的资金是企业自有资金的一部分。优先股与普通股的融资方式不同，与公司债券较为相似，优先股一般会事先设定股利支付率。

（二）按股票票面是否记名分类

按股票票面是否记名，股票可以分为记名股票和无记名股票。

1. 记名股票

记名股票是指在股票票面上记载股东姓名或名称的股票。对记名股票要发放股东名册，股东只有同时拥有股票和股东名册才能领取股利。记名股票的转让、继承要办理过户手续。

2. 无记名股票

无记名股票是指在股票票面上不记载股东姓名或名称的股票，公司只记载股票的数量、编号和发行日期。无记名股票的转让、继承无须办理过户手续，买卖双方办理交割手续后就可完成股票的转移。

公司向发行人、国家授权投资的机构和法人发行的股票，应当为记名股票。公司向社会公众发行的股票，可以为无记名股票，也可以为记名股票。

（三）按股票票面有无金额分类

股票按票面有无金额，可分为面值股票和无面值股票。

1. 面值股票

面值股票是在股票的面值上记载每股金额的股票。股票面值的主要功能是确定每股股票在公司所占的份额，也表明股东对每股股票所负有限责任的最高限额。

2. 无面值股票

无面值股票是指不在股票的票面上标出金额，只载明其占公司股本总额的比例和股份数的股票。无面值股票的价值随公司财产的增减而变动，股东对公司享有权利和承担义务的大小直接依据股票票面上标明的比例而定。

（四）按投资主体分类

股票按投资主体不同，可分为国家股、法人股、个人股。

1. 国家股

国家股是指有权代表国家投资的部门或机构以国有资产向公司投资而形成的股份。

2. 法人股

法人股是指企业法人依法以其可以支配的财产向公司投资而形成的股份，或具有法人资格的事业单位和社会团体以国家允许用于经营的资产向公司投资而形成的股份。

3. 个人股

个人股是指个人或公司内部职工以个人合法财产投入公司而形成的股份。

（五）按发行对象和上市地区分类

股票按发行对象和上市地区不同，可分为 A 股、B 股、H 股、N 股、S 股。

A 股是以人民币标明面值并以人民币认购和交易的股票，只供我国境内的机构、组织和个人买卖，不向外国和我国港、澳、台地区的投资者出售；B 股属于人民币特种股票，以人民币标明面值，以外币认购和交易，专供外国和我国港、澳、台地区的投资者买卖。

二、普通股筹资

普通股是股份制企业筹集权益资金的最主要方式，具备股票的一般特征。发行普通股筹资是一种风险型投资，普通股股票的持有人称为普通股股东。

（一）普通股股东的权利

按我国公司法的规定，普通股股东主要享有以下权利。

1. 普通股股东对公司享有经营管理权

普通股股东享有对公司的经营管理权，有权投票董事会成员，并有权对公司重大事项投票表决，同时有权委托会计师事务所查账。

2. 普通股股东对公司享有盈利分享权

公司盈利时，扣除优先股股息后，剩余部分基本上属于普通股股东，并且盈利分配的方案由股东大会决定。

3. 普通股股东享有优先认股权

当公司增发普通股时，原有股东有权按持有公司股票的比例，优先认购新股票，其目的是保证原股东的控制权。

4. 普通股股东享有剩余财产要求权

当公司解散、清算时，普通股股东对剩余财产享有要求权，但分配顺序排在优先股股东的后面。

5. 普通股股东享有股票转让权

股东有权出售或转让股票，但必须符合《中华人民共和国公司法》、其他法规和公司章程规定的条件和程序。

(二) 普通股融资的优缺点

1. 普通股融资的优点

普通股融资的优点主要包括以下几点。

(1) 没有固定的利息负担

公司有盈余，并认为适合分配股利时，就可以分配股利；公司盈余较少，或虽有盈余但资金短缺或有更有利的投资机会时就可少支付或不支付股利。

(2) 没有固定到期日，不用偿还

利用普通股筹集的是永久性的资金，只有公司清算才需偿还。它对保证公司最低的资金需求有重要意义。

(3) 融资风险小

由于普通股没有固定到期日，不用支付固定的股利，此种融资实际上不存在不能偿付的风险，因此，风险最小。

(4) 增强公司的信誉

股权资本是公司偿还债务的基本保障，因而，普通股融资既可以提高公司的信用价值，同时也增强了公司将来的举债能力。

(5) 融资限制较少

利用优先股或债券融资，通常有许多限制，这些限制往往会影响公司经营的灵活性，而利用普通股融资则没有这种限制。

2. 普通股融资的缺点

普通股融资的缺点主要包括以下几点。

(1) 资本成本较高

一般来说，普通股融资的成本要大于债务融资成本。这是因为股东比债权人承担了更多的风险。按照风险与收益相对称的原则，股东要求的报酬率要高于债权人；债务资金的利息可以在税前扣除，可获得抵减所得税的好处，而普通股的股利是从净利润中支付的，不能抵减所得税。另外，普通股的发行费用也比较高。

(2) 容易分散控制权

利用普通股融资，出售了新的股票，引进了新的股东，容易导致公司控制权的分散。

三、优先股筹资

优先股是相对普通股而言的，优先股股票是指在某些方面享有比普通股优先的权利，同时也受到一定限制的股票。发行优先股股票是公司获得股权资本的方式之一，优先股股票是一种兼具普通股股票和债券特点的有价证券。

(一) 优先股的特征

优先股股票与普通股股票相比，一般具有以下特征。

1. 优先分配股利权

优先股股东通常优先于普通股股东分配股利，并且股利一般是固定的，因而受公司经营状况和盈利水平影响较小。

2. 优先分配公司剩余财产权

当公司解散、破产等进行清算时，优先股股东对剩余财产有优先的请求权。

3. 优先股股东一般无表决权

一般而言，优先股股东在股东大会上没有投票权（特别规定的除外），也无权过问公司的经营管理，因此，优先股股东在正常情况下是不可能控制整个公司的。

4. 优先股可由公司赎回

发行优先股的公司，按照公司章程的有关规定，根据公司的发展需要，可以按一定的方式将所发行的优先股赎回，以调整公司的资本结构。

综上所述，优先股既可以看作权益资本，但在某种情况下，也可看作债务资本，它是一种兼有普通股和债券特征的融资工具。

（二）优先股融资的优缺点

1. 优先股融资的优点

优先股融资的优点主要包括以下几点。

（1）可以避免固定的支付负担

虽然优先股股利是固定的，但如前所述，公司可将股利累积到以后年度支付，因此，发行优先股融资不像负债那样须定期地、如数地履行支付义务。同时，一家获利颇高的公司若急剧扩张，发行优先股融资还能够发挥财务杠杆作用，使原来的股东得到更高的报酬，但若采用发行普通股方式融资，那么原有股东必须与新增股东共同分享公司成长的利益。

（2）不分散股东的控制权

一般来说，优先股股东没有投票权，因此，发行优先股，可以避免公司股权的稀释，原有股东不必担心他们对公司的管理权和控制权的分散。

（3）融资弹性大

优先股一般没有到期日，因此，优先股实质上是一种永久性借款。股利的支付和优先股的回收，对公司来说有很大的机动性，从而使公司的财务安排更富有弹性。

（4）增强公司举债能力

从债权人的角度来看，优先股股本是公司的股权资本，可以保护债权人的利益。因此，发行优先股可增强公司未来的举债能力。

2. 优先股融资的缺点

优先股融资的缺点主要包括以下两点。

（1）融资成本较高

优先股股利是以公司的税后净利润发放的，不能抵减所得税。与债务融资相比，优先股的资本成本较高。

（2）财务负担较重

由于优先股要求支付固定的股利，当公司经营不善时，可能会成为公司沉重的财务负担，当公司不能支付股利时，还会影响公司的信誉。

第三节 债务筹资

一、长期借款筹资

长期借款筹资是各类企业通常采用的一种债务筹资方式。

(一) 长期借款的种类

长期借款（Long-Term Loan）是指企业向银行等金融机构以及向其他单位借入的，期限在1年以上的各种借款。长期借款有不同的种类。

1. 按提供贷款的机构分类

长期借款按提供贷款的机构不同，可分为政策性银行贷款、商业银行贷款和其他金融机构贷款。

(1) 政策性银行贷款

政策性银行贷款是指执行国家政策性贷款业务的银行（通称政策性银行）提供的贷款，通常为长期贷款。

(2) 商业银行贷款

商业银行贷款，包括短期贷款和长期贷款，其中长期贷款的一般特征为期限长于1年；企业与银行之间要签订借款合同，含有对借款企业的具体限制条件；有规定的借款利率，可固定，亦可随基准利率的变动而变动；主要实行分期偿还方式，一般每期偿还金额相等，也可采用到期一次偿还方式。

(3) 其他金融机构贷款

其他金融机构贷款，其他金融机构对企业的贷款一般较商业银行贷款的期限更长，要求的利率较高，对借款企业的信用要求和担保的选择也比较严格。

2. 按担保方式分类

长期借款按担保方式不同，可分为保证贷款、抵押贷款和质押贷款。

(1) 保证贷款

保证贷款是指保证人和债权人约定，当债务人不履行债务时，保证人按照约定履行债务或者承担责任的贷款。具有代为清偿债务能力的法人、其他组织或者公民，可以作为保证人。学校等以公益为目的的事业单位、社会团体不得作为保证人；企业法人的分支机构、职能部门不得作为保证人。

(2) 抵押贷款

抵押贷款是指债务人或者第三人不转移抵押财产的占有，将该财产作为债权担保的贷款。可以抵押的财产主要有机器、交通运输工具、房屋和其他地上附着物等。

(3) 质押贷款

质押贷款是指债务人或者第三人以其动产或权利作质押，将该动产或权利作为债权担保的贷款。质押的动产应移交债权人。可以质押的权利主要有汇票、支票、本票、债券、存款单、仓单、提单；依法可以转让的股份、股票；依法可以转让的商标专用权、专利权、著作权中的财产权。

(二) 长期借款的程序

1. 企业提出借款申请

企业要向银行借入资金，必须向银行提出申请，填写包括借款金额、借款用途、偿还能力、还款方式等内容的"借款申请书"，并提供有关资料。

2. 银行审查借款申请

对企业的借款申请，银行要从企业的信用等级、基本财务情况、投资项目的经济效益、偿债能力等多方面作必要的审查，以决定是否提供贷款。

3. 签订借款合同

借款合同是规定借款单位和银行双方的权利、义务和经济责任的法律文件。借款合同包括基本条款、保证条款、违约条款及其他附属条款等内容。

4. 企业取得借款

双方签订借款合同后，银行可在核定的贷款指标范围内，根据用款计划和实际需要，一次或分次将贷款转入企业的贷款结算户。

5. 企业归还借款本息

企业应按借款合同的规定按时足额归还借款本息。如因故不能按期归还，应在借款到期之前的3—5天内提出展期申请，由贷款银行审定是否给予展期。

(三) 长期借款融资的优缺点

1. 长期借款融资的优点

长期借款融资的优点主要包括以下几个方面。

(1) 融资速度快

长期借款的手续比发行股票和债券简单得多，得到借款所花费的时间较短。

（2）借款弹性较大

借款时企业与银行直接交涉，有关条件可谈判确定；用款期间发生变动，亦可与银行再协商。而债券融资所面对的是社会广大投资者，协商改善融资条件的可能性很小。

（3）借款成本较低

长期借款的利息可以计入企业的财务费用，而不像股利那样必须从税后净利中支出，因此，借款利息可起到抵减所得税的作用。此外，长期借款利率一般低于债券利率，且借款融资费用也较少。

（4）具有财务杠杆作用

企业利用长期借款融资，会提高企业负债资金的比例，改变企业原有的资本结构。在企业的投资报酬率大于借款利率时，能使企业获取超过借款利息的差额利润，提高企业的每股收益。

2. 长期借款融资的缺点

长期借款融资的缺点主要包括以下几个方面。

（1）财务风险增大

由于债务的增加改变了企业的资本结构，从而增加企业的财务风险，这在一定程度上降低了企业的偿债能力。

（2）限制较多

由于长期借款合同中有许多限制性条款，企业必须严格遵循，从而使企业在财务管理和生产经营上受到某种程度的制约，以至于可能会对企业今后的融资和投资活动产生影响。

（3）融资数额受限

长期借款的数量往往也较为有限，它受到贷款机构本身贷款能力的制约，而不能像发行股票或债券那样筹集到数额巨大的资金。

二、发行普通债券筹资

企业债券是发行者为筹集资金，按法定程序发行的约定在一定时期内还本付息的有价证券。发行债券筹集资金是社会集资的一种方式，即把分散在居民手里的消费资金与企业的闲散资金集中起来，转化为可以增值的生产建设资金，直接投入生产流通领域，用于发展生产、扩大经营。

（一）企业债券的种类

企业债券按不同标准有多种分类。

1. 按债券有无担保品分类

债券按有无担保品，可分为有担保债券和信用债券。

有担保债券是指有指定的财产作为担保品的债券。有担保债券又可分为不动产抵押债券、动产抵押债券和证券信托公司债券。信用债券是指凭借发行债券公司的信用，而没有特定的抵押财产作为担保品的企业债券。由于该种债券无特定财产作为担保，因此，发行企业必须具备较高的财务信誉与未来获利能力强等条件。

2. 按债券偿还方式分类

债券按偿还方式不同，可分为一次还本债券、分期还本债券和通知还本债券。

一次还本债券是指到期时全部本金一次归还的企业债券。分期还本债券是指定期分次归还本金的企业债券，该种债券可以减轻企业筹措现金还债的困难。通知还本债券是指可以在债券到期前，提前通知债权人还本的企业债券。当市场利率低于债券利率时，企业若愿意提前收回债券，一般规定要溢价收回，补偿给投资者一定的好处。企业也可以在债券到期前公开以市价收回。

3. 按债券发行方式分类

债券按发行方式不同，可分为记名债券和无记名债券。

记名债券是指在债券上记有持券人姓名的债券。这种债券只偿付给券面上的记名人，要凭印鉴支息取本；转让时由债券持有人背书并向发行企业登记。无记名债券是指在债券上不载明持有人的姓名，还本付息仅以债券为凭，一般实行剪票付息。

4. 按债券利率是否固定分类

债券按利率是否固定，可分为固定利率债券和浮动利率债券。

固定利率债券是指利率在发行债券时已确定并载于票面的债券。浮动利率债券是指利率水平在发行债券之初不固定，而是根据有关利率如基准利率等上下浮动加以确定的债券。在浮动利率债券中可能包括附加条款，如一些条款规定，几年后可以转换成固定利率债券，另外一些条款规定了利率浮动范围的最高和最低点。

5. 按债券是否上市分类

债券按是否上市，可分为上市债券和非上市债券。

可在证券交易所挂牌交易的债券为上市债券；反之，则为非上市债券。上市债券信用程度好，变现速度快，因此较吸引投资者；但是上市条件严格，并要承担上市费用。

6. 按偿还期限分类

债券按偿还期限不同,可分为短期债券和长期债券。

短期债券是指偿还期限在 1 年以内的债券。长期债券是指偿还期限超过 1 年的债券,在实务中往往又进一步根据期限长短区分为中期债券和长期债券。

7. 按债券能否转换为普通股股票分类

债券按能否转换为普通股股票,可分为可转换债券和不可转换债券。

可转换债券是指可转换为普通股股票的债券。发行可转换债券的企业,有义务按规定向债券持有人核发股份,债券持有人有权选择是否将债券转为股票。不可转换债券是指不能转换为普通股股票的债券。

8. 按债券的其他特征分类

债券按其他特征不同,可分为收益债券、附认股权债券、零息债券和垃圾债券等。

(二) 债券的发行

债券的发行方式有委托发行和自行发行两种。委托发行是指企业委托银行或其他金融机构承销全部债券,并按总面额的一定比例支付手续费的发行方式。自行发行是指债券发行企业不经过金融机构,直接把债券配售给投资单位或个人的发行方式。

公司债券的发行价格是发行公司(或其承销代理机构,下同)发行债券时所使用的价格,亦即债券投资者向发行公司认购其所发行债券时实际支付的价格。公司在发行债券之前,必须依据有关因素,运用一定的方法,确定债券的发行价格。

1. 决定债券发行价格的因素

公司债券发行价格的高低,主要取决于以下四个因素。

(1) 债券面额

债券的票面金额是决定债券发行价格的最基本因素,债券发行价格的高低,从根本上取决于债券面额的大小。一般而言,债券面额越大,发行价格越高。但是,如果不考虑利息因素,债券面额是债券的到期价值,即债券的未来价值,而不是债券的现在价值,即发行价格。

(2) 票面利率

债券的票面利率是债券的名义利率,通常在发行债券之前即已确定并在债券票面上注明。一般而言，债券的票面利率越高，发行价格越高；反之，发行价格越低。

（3）市场利率。债券发行时的市场利率是衡量债券票面利率高低的参照系，两者往往不一致，因此共同影响债券的发行价格。一般而言，债券的市场利率越高，债券的发行价格越低；反之，发行价格越高。

（4）债券期限

同银行借款一样，债券的期限越长，债权人的风险越大，要求的利息报酬越高，债券的发行价格就可能越低；反之，发行价格可能越高。

债券的发行价格是上述四个因素综合作用的结果。

2. 确定债券发行价格的方法

理论上，公司债券的发行价格通常有三种情况，即平价、溢价和折价。

平价是指以债券的票面金额作为发行价格，多数公司的债券采用平价发行。溢价是指按高于债券面额的价格发行债券。折价是指按低于债券面额的价格发行债券。

结合上述四个因素，根据货币时间价值的原理，债券发行价格由两部分构成：一部分是债券面额以市场利率作为折现率折算的现值；另一部分是各期利息（通常表现为年金形式）以市场利率作为折现率折算的现值。由此，债券的发行价格可按下列公式测算。

（1）按期支付利息，到期一次还本，且不考虑发行费用的债券发行价格的计算公式为：

债券发行价格 = 票面金额 × $(P/F, i, n)$ + 债券面值 × 票面利率 × $(P/A, i, n)$

（2）不计复利、到期一次还本付息的债券发行价格的计算公式为：

债券发行价格 = 票面金额 × $(1+$票面利率$\times n) \times (P/F, i, n)$

式中：n 为债券期限；i 为市场利率。

（三）债券融资的优缺点

1. 债券融资的优点

（1）资本成本低

债券融资与发行股票融资相比，融资费用和占用费用较低。

（2）发挥财务杠杆作用

债券利息固定不变，不受企业盈余多少的影响。因此，在企业资金利润率较高的情况下，可以充分利用财务杠杆作用增加股东的财富。

(3) 不分散股东的控制权

债券持有人不参与企业经营管理，因此，有助于保持股东对企业的控制权。

2. 债券融资的缺点

(1) 财务风险大

利用债券集资，同其他借入资金融资一样，要承担按期还本付息的义务，风险较大；在企业经营不善的情况下，固定的利息以及到期需偿还的债券本金会形成公司沉重的负担，甚至可能导致企业破产。

(2) 融资数额有限

企业的负债能力是有限的，过高的负债比率对企业不利。而且我国公司法规定，累计债券总额不应超过公司净资产额的 40%。

(3) 债券融资限制条件较多且更为严格

债券持有人为保障债权的安全，往往要在债券合同中签订保护条款，这对企业造成较多约束，影响财务的灵活性。

三、发行可转换债券筹资

(一) 可转换债券的特性

可转换债券又称为可转债，是指由公司发行并规定债券持有人在一定期限内按约定的条件可将其转换为发行公司普通股的债券。

从筹资公司的角度看，发行可转换债券具有债务与股权筹资的双重属性，属于一种混合性筹资。利用可转换债券筹资，发行公司赋予可转换债券的持有人可将其转换为该公司股票的权利。因此，对发行公司而言，在可转换债券转换之前需要定期向持有人支付利息。如果在规定的转换期限内，持有人未将可转换债券转换为股票，发行公司还需要到期偿付债券本金，在这种情形下，可转换债券筹资与普通债券筹资相似，具有债务筹资的属性。如果在规定的转换期限内，持有人将可转换债券转换为股票，则发行公司将债券负债转化为股东权益，从而具有股权筹资的属性。根据国家有关规定，上市公司和重点国有企业具有发行可转换债券的资格，经省级人民政府或者国务院有关企业主管部门推荐，报证监会审批。

(二) 可转换债券的转换

可转换债券的转换涉及转换期限、转换价格和转换比率三个因素。

1. 可转换债券的转换期限

可转换债券的转换期限是指按发行公司的约定，持有人可将其转换为股票的期限。一般而言，可转换债券的转换期限的长短与可转换债券的期限相关。在我国，可转换债券的期限按规定最短为 1 年，最长为 6 年。分离交易的可转换公司债券的期限最短为 1 年。

按照规定，上市公司发行可转换债券，在发行结束 6 个月后，持有人可以依据约定的条件随时将其转换为股票。重点国有企业发行的可转换债券，在该企业改制为股份有限公司且其股票上市后，持有人可以依据约定的条件随时将债券转换为股票。可转换债券转换为股票后，发行公司股票上市的证券交易所应当安排股票上市流通。

2. 可转换债券的转换价格

可转换债券的转换价格是指将可转换债券转换为股票的每股价格。转换价格通常由发行公司在发行可转换债券时约定。

按照我国的有关规定，上市公司发行可转换债券的，以发行可转换债券前一个月股票的平均价格为基准，上浮一定幅度作为转换价格。重点国有企业发行可转换债券的，以拟发行股票的价格为基准，折扣一定比例作为转换价格。

3. 可转换债券的转换比率

可转换债券的转换比率是每份可转换债券所能转换的股份数，等于可转换债券的面值除以转换价格。

（三）可转换债券筹资的优缺点

1. 可转换债券筹资的优点

发行可转换债券是一种特殊的筹资方式，其优点主要表现在以下几个方面。

（1）有利于降低资本成本

可转换债券的利率通常低于普通债券。因此，在转换前，可转换债券的资本成本低于普通债券；转换为股票后，又可节省股票的发行成本，从而降低股票的资本成本。

（2）有利于筹集更多资本

可转换债券的转换价格通常高于发行时的股票价格。因此，可转换债券转换后，其筹资额大于当时发行股票的筹资额；另外也有利于稳定公司的股价。

（3）有利于调整资本结构

可转换债券是一种兼具债务筹资和股权筹资双重性质的筹资方式。可转换债券在转换前属于发行公司的一种债务，若发行公司希望可转换债券持有人转股，还可以借助诱导，促其转换，借以调整资本结构。

(4) 有利于避免筹资损失

当公司的股票价格在一段时期内连续高于转换价格超过某一幅度时，发行公司可按赎回条款中事先约定的价格赎回未转换的可转换债券，从而避免筹资损失。

2. 可转换债券筹资的缺点

(1) 转股后可转换债券筹资将失去利率较低的好处。

(2) 若确需股票筹资，但股价并未上升，可转换债券持有人不愿转股时，发行公司将承受偿债压力。

(3) 若可转换债券转股时股价高于转换价格，则发行公司遭受筹资损失。

(4) 回售条款的规定可能使发行公司遭受损失。当公司的股票价格在一段时期内连续低于转换价格并达到一定幅度时，可转换债券持有人可按事先约定的价格将所持债券回售给公司，从而使发行公司受损。

四、融资租赁筹资

融资租赁筹资是企业一种特殊的筹资方式，适用于各类企业。

(一) 租赁的含义

租赁（Leasing）是出租人以收取租金为条件，在契约或合同规定的期限内，将资产租借给承租人使用的一种经济行为。租赁行为在实质上具有借贷属性，但其直接涉及的是物而不是钱。在租赁业务中，出租人主要是各种专业租赁公司，承租人主要是其他各类企业，租赁物大多为设备等固定资产。

租赁活动由来已久。现代租赁已经成为企业筹集资产的一种方式，用于补充或部分替代其他筹资方式。在租赁业务发达的条件下，它为企业所普遍采用，是企业筹资的一种特殊方式。

(二) 租赁的种类及特点

现代租赁的种类很多，通常按性质分为经营租赁和融资租赁两大类。

1. 经营租赁

经营租赁（Operating Leasing）又称为营运租赁、服务租赁，是由出租人向承租企业提供租赁设备，并提供设备维修保养和人员培训等的服务性业务。经营租赁通常为短期租赁。

承租企业采用经营租赁的目的主要不是融通资本，而是获得设备的短期使用以及出租人提供的专门技术服务。从承租企业无须先筹资再购买设备即可享有设备使用权的角度来看，经营租赁也有短期筹资的功效。

经营租赁的特点主要有以下几点。

（1）承租企业根据需要可随时向出租人提出租赁资产。

（2）租赁期较短，不涉及长期而固定的义务。

（3）在设备租赁期内，如有新设备出现或不需用租入设备时，承租企业可按规定提前解除租赁合同，这对承租企业比较有利。

（4）出租人提供专门服务。

（5）租赁期满或合同终止时，租赁设备由出租人收回。

2. 融资租赁

融资租赁（Financing Leasing）又称为资本租赁、财务租赁，是由租赁公司按照承租企业的要求融资购买设备，并在契约或合同规定的较长期限内提供给承租企业使用的信用性业务，是现代租赁的主要类型。承租企业采用融资的主要目的是融通资本。一般融资的对象是资本，而融资租赁集融资与融物于一身，具有借贷的性质，是承租企业筹集长期借入资本的一种特殊方式。

融资租赁通常为长期租赁，可满足承租企业对设备的长期需求，故有时也称为资本租赁。融资租赁的特点主要有以下几点。

（1）一般由承租企业向租赁公司提出正式申请，由租赁公司融资购进设备租给承租企业使用。

（2）租赁期限较长，大多为设备使用年限的一半以上。

（3）租赁合同比较稳定，在规定的租期内非经双方同意，任何一方不得中途解约，有利于维护双方的权益。

（4）由承租企业负责设备的维修保养和投保事宜，但无权自行拆卸改装。

（5）租赁期满时，按事先约定的办法处置设备，一般有续租、留购或退还三种选择，通常由承租企业留购。

（三）融资租赁的方式

融资租赁按其业务的不同特点，可细分为三种具体方式。

1. 直接租赁

直接租赁是融资租赁的典型形式，通常所说的融资租赁是指直接租赁形式。

2. 售后租回

在这种形式下，企业按照协议先将其资产卖给租赁公司，再作为承租企业将所售资产租回使用，并按期向租赁公司支付租金。采用这种融资租赁形式，承租企业因出售资产而获得了一笔现金，同时因将其租回而保留了资产的使用权。这与抵押贷款有些相似。

3. 杠杆租赁

杠杆租赁是国际上比较流行的一种融资租赁形式。它一般涉及承租人、出租人和贷款人三方当事人。从承租人的角度来看，它与其他融资租赁形式并无区别，同样是按合同的规定，在租期内获得资产的使用权，按期支付租金。但对出租人而言，出租人只垫支购买资产所需现金的一部分（一般为20%~40%），其余部分（一般为60%~80%）则以该资产为担保向贷款人借款支付。因此，在这种情况下，租赁公司既是出租人又是借款人，既要收取租金又要偿还借款。这种融资租赁形式由于租赁收益一般大于借款成本支出，出租人可获得财务杠杆利益，故被称为杠杆租赁。

（四）融资租赁的程序

1. 作出租赁决策

当企业需要长期使用某项设备而又没有购买该项设备所需资金时，一般有两种选择：一是筹措资金购买该项设备；二是融资租入该项设备。孰优孰劣可以通过现金流量的分析计算作出正确的抉择。

2. 选择租赁公司

当企业决定采用融资租赁方式取得某项设备时，即应开始选择租赁公司。可从租赁公司的经营范围、业务能力、融资条件、租赁费率等方面进行比较，择优选定。

3. 办理租赁委托

当企业选定租赁公司后，便可向其提出申请，办理委托。这种委托包括填写"租赁申请书"及提供财务状况的文件资料。

4. 签订购货协议

租赁公司受理租赁委托后，即由租赁公司与承租企业的一方或双方选择设备的制造商或销售商，与其进行技术与商务谈判，签订购货协议。

5. 签订租赁合同

租赁合同由承租企业与租赁公司签订。租赁合同用以明确双方的权利与义务，是租赁业务中最重要的文件，具有法律效力。融资租赁合同的内容包括一般条款和特殊条款两部分。

6. 办理验货及投保

承租企业收到租赁设备,要进行验收。验收合格后签发租赁设备收据及验收合格证并提交租赁公司,租赁公司据以向制造商或销售商付款。同时,承租企业应向保险公司办理投保事宜。

7. 交付租金

承租企业在租赁期内按合同规定的租金数额、交付日期和交付方式向租赁公司交付租金。

8. 租赁期满的设备处理

融资租赁合同期满时,承租企业可按合同的规定对租赁设备作出留购、续租或退还的决策。一般来说,租赁公司会把租赁设备在期满时以低价甚至无偿方式转给承租企业。

(五)融资租赁租金的计算

融资租赁租金是承租企业支付给租赁公司让渡租赁设备的使用权或价值的代价。租金的数额大小、支付方式对承租企业的财务状况有直接的影响,也是租赁决策的重要依据。

1. 融资租赁租金的构成

(1)租赁资产的价款,包括设备的买价、运杂费及途中保险费等。

(2)融资成本,租赁公司为承租企业购置设备融资而应计的利息。

(3)租赁手续费,包括租赁公司承办租赁业务的营业费用及应得的利润。租赁手续费的高低由租赁公司与承租企业协商确定,一般以租赁资产价款的一定百分比收取。

2. 融资租赁租金的支付方式

融资租赁的租金通常采用分次支付的方式,具体包括以下几点。

(1)按支付时期长短分类,包括年付、半年付、季付、月付等。

(2)按每期支付租金的时间分类,包括先付租金、后付租金。先付租金指在期初支付,后付租金指在期末支付。

(3)按每期支付金额分类,包括等额支付、不等额支付。

3. 融资租赁租金的计算

目前,国际上流行的租金计算方法主要有平均分摊法、等额年金法、附加率法、浮动利率法。在我国融资租赁实务中,大多采用平均分摊法和等额年金法。

(1) 平均分摊法

平均分摊法是指先以商定的利息率和手续费率计算出租赁期间的利息和手续费，然后连同租赁设备购置成本的应摊销总额按租金支付次数平均计算出每次应付租金数额的方法。该方法不考虑资金的时间价值。

在平均分摊法下，每次应付租金数额的计算公式为：

$$R = \frac{(C-S) + I + F}{N}$$

式中：R 表示每次应付租金数额；C 表示租赁设备的购置成本；S 表示租赁设备预计净残值或期满时由租入方留购而支付给出租方的转让价；I 表示租赁期间利息；F 表示租赁期间手续费；N 表示租赁期间租金支付次数。

(2) 等额年金法

等额年金法是将租赁资产在未来各租赁期内的租金按一定的贴现率予以折现，使其正好等于租赁资产的成本，进而计算应付租金数额的方法。在这种方法下，要将利息率和手续费率综合在一起确定一个租费率，作为贴现率。这种方法与平均分摊法相比，计算是复杂了，但因为考虑了资金的时间价值，结论更具客观性。

①先付租金的计算公式：

$$R = \frac{C - S \times (P/F, i, n)}{(P/A, i, n-1) + 1}$$

式中：i 为贴现率，其他符号同前。

②后付租金的计算公式：

$$R = \frac{C - S \times (P/F, i, n)}{(P/A, i, n)}$$

(六) 融资租赁的优缺点

1. 融资租赁的优点

(1) 筹资速度快

融资租赁集融资与融物于一体，减少了企业直接购买设备的中间环节和费用，一般比先筹集资金再购置设备的时间要短，有助于迅速形成生产力。

(2) 限制条款少

企业运用股票、债券、长期借款等筹资方式要受到很多条件的限制，相比而言，融资租赁的限制要少得多。

(3) 设备遭淘汰的风险小

随着科学技术的进步,设备陈旧过时的风险很高,而在融资租赁的情况下,设备陈旧过时的风险一般由出租人承担,承租企业不需要承担这种风险。

(4) 财务风险小

融资租赁的资金使用期限与设备寿命周期接近,比一般借款期限要长,承租企业的偿债压力较小,到期还本负担轻;同时,全部租金在整个租期内分期支付,可适当降低不能支付的风险。

(5) 税收负担轻

融资租赁的租金费用可在所得税税前扣除,承租企业可享受税收上的优惠。

2. 融资租赁的缺点

(1) 资本成本高。融资租赁的租金总额一般要高出设备价值的30%;租金比借款和发行债券的利息负担高得多。

(2) 不能享有设备残值。

(3) 固定的租金支付构成较重的财务负担。

短期筹资管理

第一节 短期筹资概述

一、短期筹资的特征与分类

（一）短期筹资的概念与特征

短期筹资是指筹集在一年内或者超过一年的一个营业周期内到期的资金，通常是指短期负债筹资。短期筹资通常具有如下特征。

1. 筹资速度快

由于资金占用期较短，债权人承担的风险相对较小，往往顾虑较少，不需要像长期筹资一样对筹资方进行全面、复杂的财务调查。因此，短期筹资可以使债务人在较短的时间内取得资金。

2. 筹资弹性好

在筹集长期资金时，资金提供者出于资金安全方面的考虑通常会向筹资方提出较多的限制性条款或相关约束条件；短期筹资的相关限制和约束相对较少，使得筹资方在资金的使用和配置上显得更加灵活、富有弹性。

3. 筹资成本低

当筹资期限较短时，债权人所承担的利率风险相对较小，因此，向筹资方索取的资金使用成本也相对较低。

4. 筹资风险大

短期筹资通常需要在短期内偿还，因而要求筹资方在短期内拿出足够的资金偿还债务，这对筹资方的资金营运和配置提出了较高的要求，如果筹资企业在资金到期时不能及时归还款项，就有陷入财务危机的可能。此外，短期负债利率通常波动较大，无法在较长时期内将筹资成本锁定在某个较低水平，因此，也有可能高于长期负债的利率水平。

（二）短期负债的分类

按不同标准可将短期负债分为不同类型，其最常见的分类方式有以下两种。

1. 按应付金额是否确定分类

短期负债按应付金额是否确定，可以分为应付金额确定的短期负债和应付金额不确定的短期负债。

应付金额确定的短期负债是指根据合同或法律的规定，到期必须偿付，并有确定金额的短期负债，如短期借款、应付票据、应付账款等。

应付金额不确定的短期负债是指要根据公司生产经营状况，到一定时期才能确定的短期负债或应付金额需要估计的短期负债，如应交税费、应付股利等。

2. 按短期负债的形成情况分类

短期负债按短期负债的形成情况不同，可以分为自然性短期负债和临时性短期负债。

自然性短期负债是指产生于公司正常的持续经营活动中，不需要正式安排，由于结算程序的原因自然形成的那部分短期负债。在公司生产经营过程中，由于法定结算程序的原因，使一部分应付款项的支付时间晚于形成时间，这部分已经形成但尚未支付的款项便成为公司的短期负债，如商业信用、应付工资、应交税费等。

临时性短期负债是因为临时的资金需求而发生的负债，由财务人员根据公司对短期资金的需求情况，通过人为安排形成，如短期银行借款等。

二、短期筹资政策的类型

（一）配合型筹资政策

配合型筹资政策是指公司的负债结构与公司资产的寿命周期相对应，其特点是：临时性短期资产所需资金用临时性短期负债筹集，永久性短期资产和固定资产所需资金用自发性短期负债和长期负债、股权资本筹集。配合型筹资政策的基本思想是：公司将资产和资金来源在期限和数额上相匹配，以降低公司不能偿还到期债务的风险，同时，采用较多的短期负债筹资也可以使资本成本保持在较低的水平上。

在这种政策下，只要公司短期筹资计划严密，实现现金流动与预期安排一致，则在经营低谷时，公司除自发性短期负债外没有其他短期负债，只有在经营高峰期，公司才举借临时性短期负债。

但是在公司的经济活动中，由于现金流动和各类资产使用寿命的不确定性，往往做不到资产与负债的完全配合。在公司的生产经营高峰期内，一旦公司的销售和经营不理想，未能取得预期的现金收入，便会发生难以偿还临时性负债的情况。因此，配合型筹资政策是一种理想的筹资模式，在实践中较难实现。

（二）激进型筹资政策

激进型筹资政策的特点是：临时性短期负债不但要满足临时性短期资产的需要，还要满足一部分永久性短期资产的需要，有时甚至全部短期资产都要由临时性短期负债支持。

由于临时性短期负债的资本成本相对于长期负债和股权资本来说一般较低，而激进型筹资政策下临时性短期负债所占比例较大，因此，在该政策下，公司的资本成本低于配合型筹资政策。但是，由于公司为了满足永久性短期资产的长期、稳定的资金需要，必然要在临时性短期负债到期后重新举债或申请债务展期，将不断地举债和还债，加大了筹资和还债的风险。因此，激进型筹资政策是一种报酬高、风险大的营运资本筹集政策。

（三）稳健型筹资政策

稳健型筹资政策的特点是：临时性短期负债只满足部分临时性短期资产的需要，其他短期资产和长期资产，用自发性短期负债、长期负债和股权资本筹集满足。

在这种政策下，临时性短期负债在公司的全部资金来源中所占比例较小，公司保留较多营运资本，可降低公司无法偿还到期债务的风险，同时，蒙受短期利率变动损失的风险也较小。但降低风险的同时也降低了公司的报酬，因为长期负债和股权资本在公司的资金来源中所占比例较大，并且两者的资本成本高于临时性短期负债的资本成本，而且在生产经营淡季，公司仍要负担长期债务的利息。即使将过剩的长期资金投资于短期有价证券，其投资收益一般也会低于长期负债的利息，因此，稳健型筹资政策是一种风险低、报酬也低的筹资政策。

一般来说，如果公司对营运资本的使用能够达到游刃有余的程度，则最有利的筹资政策就是报酬和风险相匹配的配合型筹资政策。

三、短期筹资政策与短期资产持有政策的配合

前面，我们介绍了三种短期资产持有政策（宽松、适中与紧缩政策），这三种短期资产持有政策与本章所谈到的三种短期筹资政策之间存在紧密的内在联系。短期资产持有政策和短期筹资政策需要协调配合。当企业采用某种短期资产持有政策时，必然要求企业选择与之相适应的短期筹资政策，形成一个完整的资金运转体系。这种配合关系一般有以下几种情况。

（一）企业采用宽松的短期资产持有政策

当企业采用宽松的短期资产持有政策时，一定销售额水平上有较多的短期资产支持，使企业资金短缺风险和偿债风险最小；但由于短期资产投资比例大，使企业盈利能力较低。此时使用不同的短期筹资政策与之对应会产生不同的效果：采用风险和报酬平衡的配合型短期筹资政策，对宽松的短期资产持有政策起不到中和作用，企业总体来说还是风险小、报酬低；采用风险大、报酬高的激进型短期筹资政策，用大量短期负债筹资，则可以在一定程度上平衡公司持有过多短期资产带来的低风险、低报酬，使企业总体的报酬和风险基本均衡；采用风险小、报酬低的稳健型短期筹资政策，与宽松的短期资产持有政策的作用叠加，使企业总体的风险更小、报酬更低。

（二）企业采用适中的短期资产持有政策

当企业采用适中的短期资产持有政策时，一定销售额水平上的短期资产数量适当，企业的报酬和风险适中。此时分别以三种短期筹资政策与之相配合，也会产生不同的综合效果：采用风险和报酬居中的配合型短期筹资政策，与适中的短期资产持有政策匹配，则会使企业总体的风险和报酬处于一个平均水平；采用激进型的短期筹资政策，则提高了企业的风险和报酬水平；采用稳健型的短期筹资政策，则降低了企业的风险和报酬水平。

（三）企业采用紧缩的短期资产持有政策

当企业采用紧缩的短期资产持有政策时，一定销售额水平上的短期资产比例较小，使企业资金短缺风险和偿债风险最大，但同时盈利能力也相对要高。此时

同样可以分别用三种短期筹资政策与之配合，产生不同的综合效应：与配合型短期筹资政策匹配，则对风险和报酬没有太大影响，总体来说，企业的风险依然很大，报酬也较高；与激进型短期筹资政策配合，则出现了两个风险高、报酬高的政策的结合，加大了企业总体的资金风险，也在一定程度上提高了企业的报酬水平；与稳健型短期筹资政策配合，则可以对紧缩的短期资产持有政策产生平衡效应。

第二节　商业信用

一、应付账款

应付账款是企业赊购货物而形成的短期债务，即卖方允许买方在购买货物后一定时期内支付货款的一种形式，是一种典型的商业信用形式。卖方通过这种方式来推销商品，而买方通过延期付款，等同于向卖方借款购买商品，从而解决了暂时性的资金短缺困难。

（一）应付账款成本

应付账款一般可享受现金折扣优惠，同时也附有信用条件。信用条件包括：买方在规定折扣期内付款而享受到的免费信用；买方放弃折扣而付出的有代价信用；买方超过规定的信用期推迟付款而强制获得的展期信用。因此，采用应付账款形式筹集到的短期借款并不都是免费的，有时要付出代价。

（二）利用现金折扣的决策

在信用条件下，因为获得不同的信用要负担不同的代价，买方企业要在选择何种信用之间作出决策。一般情况下：

1. 如果短期借款利率低于放弃现金折扣的机会成本

买方企业应该借入资金，在折扣期内付款，享受现金折扣。比如，上例中同期银行短期借款利率为10%，企业应利用更便宜的短期借款在折扣期内偿还应付账款；反之，企业应该放弃折扣。

2. 如果在折扣期内用应付账款进行短期投资

短期投资收益率高于放弃现金折扣的成本，则应放弃折扣去追求更高的利益。同时，如果企业放弃折扣推退付款，应将付款日选择在信用期的最后一天，以降低放弃折扣的成本。

3. 如果企业由于资金缺乏

准备在信用展期内付款，这时企业需要在降低了的放弃折扣成本与展期付款带来的信誉恶化中作出选择。

4. 如果有两家以上的卖方提供不同的信用条件

买方不准备享受现金折扣时，应衡量放弃现金折扣成本的大小，选择信用成本较小的；买方准备享受现金折扣（即在折扣期内付款）时，此时"放弃现金折扣的成本"实际上是一种收益，应选择信用成本较大的。

二、应付票据

应付票据是在应付账款的基础上发展起来的，是企业进行延期付款商品交易时开具的反映债权债务关系的票据。

商业汇票是一种期票，最长期限6个月，对于买方（即付款人）来说，它是一种短期融资方式。对于卖方（即收款人）来说，也可能产生一种融资行为，就是票据贴现。票据贴现是指持票人将未到期的商业票据转让给银行，贴付一定的利息以取得银行资金的一种借贷行为。它是一种以票据为担保的贷款，是一种银行信用。

三、预收账款

预收账款是指卖方按照购销合同或协议的规定，在发出商品之前向买方预收部分或全部货款的信用行为。它等于卖方向买方先借一笔款项，然后用商品偿还。这种情况中的商品往往是紧俏的，买方乐意预付货款而取得货物，卖方由此筹集到资金。预收账款一般用于生产周期长、资金需要量大的货物销售。商业信用筹资具有如下几个特点。

（一）商业信用使用起来方便

因为商业信用与商品买卖同时进行，属于一种自然性融资，不用作特殊的安排。

（二）商业信用的限制少

如果企业利用银行借款筹资，银行往往对贷款的使用规定一些限制条件，而商业信用则限制较少。

(三) 商业信用的弹性好

由于商业信用在取得时间和偿还时间的确定上有一定的自主权,在时间上有较大的弹性;同时,商业信用能够随着购买和销售的变化而自动地扩张或缩小,在规模上有较大的弹性。

(四) 筹资成本较低

如果没有现金折扣或企业不放弃现金折扣或者使用不附息的应付票据,则利用商业信用的筹资成本是比较低的,有时筹资成本甚至是没有的。

(五) 商业信用时间较短

商业信用的时间较短,如果企业取得现金折扣,则时间会更短。如果放弃现金折扣,则要付出较高的资本成本。

第三节 短期借款

一、短期借款筹资的种类

短期借款筹资通常是指银行短期借款,又称为银行流动资金借款,是企业为满足短期资金需求而向银行申请借入的款项,是筹集短期资金的重要方式。企业短期借款通常包括信用借款、担保借款和票据贴现三类。

(一) 信用借款

信用借款(Debt of Honour)又称为无担保借款,是指不用保证人担保或没有财产作抵押,仅凭借款人的信用而取得的借款。信用借款一般都由贷款人给予借款人一定的信用额度或双方签订循环贷款协议。因此,这种借款又分为两类。

1. 信用额度借款

信用额度借款是一种商业银行与企业之间商定的在未来一段时间内银行能向企业提供无担保贷款的最高限额的借款。信用额度一般是在银行对企业信用状况进行详细调查后确定的。信用额度借款一般要作出如下规定:一是信用额度的期限。一般一年建立一次,更短期的也有。二是信用额度的数量。规定银行能贷款给企业的最高限额。如果信用额度的数量是1 200万元,企业从该银行借入的尚未归还的金额已达1 000万元,那么,企业最多还能借200万元。三是应支付的利率和其他一些条款。

2. 循环协议借款

循环协议借款是一种特殊的信用额度借款，在此借款协议下，企业和银行之间也要协商确定贷款的最高限额，在最高限额内，企业可以借款、还款，再借款、再还款，不停地周转使用。

循环协议借款与信用额度借款的区别主要在于：一是持续时间不同。信用额度借款的有效期一般为一年，而循环协议借款可超过一年。在实际应用中，很多是无限期的，因为只要银行和企业之间遵照协议进行，贷款可一再延长。二是法律约束力不同。信用额度借款一般不具有法律约束力，不构成银行必须给企业提供贷款的法律责任，而循环协议借款具有法律约束力，银行要承担限额内的贷款义务。三是费用支付不同。企业采用循环协议借款，除支付利息外，还要支付协议费。协议费是对循环贷款限额中未使用的部分收取的费用，正是因为银行收取协议费，才构成了它为企业提供资金的法定义务。在信用额度借款的情况下，一般无须支付协议费。

(二) 担保借款

担保借款（Guaranteed Loan）是指有一定的保证人担保或利用一定的财产作抵押或质押而取得的借款。担保借款又分为以下三类。

1. 保证借款

保证借款是指按《中华人民共和国担保法》规定的保证方式以第三人承诺在借款人不能偿还借款时，按约定承担一般保证责任或连带责任而取得的借款。

2. 抵押借款

抵押借款是指按《中华人民共和国担保法》规定的抵押方式以借款人或第三人的财产作为抵押物而取得的借款。

3. 质押借款

质押借款是指按《中华人民共和国担保法》规定的质押方式以借款人或第三人的动产或权利作为质押物而取得的借款。

(三) 票据贴现

票据贴现（Discounted Note）是商业票据的持有人把未到期的商业票据转让给银行，贴付一定利息以取得银行资金的一种借贷行为。票据贴现是商业信用发展的产物，实为一种银行信用。银行在贴现商业票据时，所付金额要低于票面金额，其差额为贴现息。贴现息与票面面值的比率就是贴现率。银行通过贴现把款项贷给销货单位，到期向购货单位收款，所以要收取利息。

采用票据贴现形式，企业一方面给购买单位提供临时资金融通，另一方面在本身需要资金时又可及时得到资金，有利于企业把业务搞活，把资金用活。

二、短期借款筹资的考虑因素

在进行短期借款决策时，主要考虑短期银行借款的成本和贷款银行的选择等两方面因素。

（一）短期银行借款的成本

银行借款成本用借款利率来表示。按照国际惯例，短期银行借款的利率会因借款公司的类型、借款金额及时间的不同而不同。例如，银行向信用好、贷款风险小的公司贷款只收取较低的利率；反之，则收取较高的利率。此外，银行贷款利率有单利、复利、贴现利率和附加利率等种类。因此，公司应根据不同情况，确定短期银行借款的成本，以便作出选择。

1. 单利

单利计息是将贷款金额乘以贷款期限与利率计算出利息的方法。多数银行通常按单利计算收取短期贷款利息，公司通常亦按单利比较不同银行的借款成本。在单利情况下，短期借款成本取决于设定利率和银行收取利息的方法。若利息在借款到期日随本金一并支付，则设定利率就是实际利率。

2. 复利

以复利计息，意味着存在对利息计息的情况。按照复利计算利息，借款人实际负担的利率——有效利率，要高于名义利率。在贷款到期以前定期付息的次数越多，有效利率高出名义利率的部分就越大。

3. 贴现利率

在贴现利率情况下，银行会在发放贷款的同时，先扣除贷款的贴现利息，而以贷款面值与贴现利息的差额贷给公司。因此，借款人拿到的金额低于贷款面值，当然，贷款到期时也免去利息了。在以贴现利率的方式贷款时，借款人的借款实际利率也会高于名义利率，并且高出的程度远远大于复利贷款方式。

4. 附加利率

附加利率是指即使是分期偿还贷款，银行通常也按贷款总额和名义利率来计算收取利息。在附加利率方式下，虽然借款公司可以利用的借款逐期减少，但利息并不减少，故实际负担的利息费用较高。

(二) 贷款银行的选择

公司在短期银行借款筹资过程中,一项重要的工作就是选择银行。在金融市场越来越完善的情况下,选择合适的银行,对公司生产经营业务长期稳定的发展,具有特别重要的意义。公司应该注意银行间存在的重大区别,这些区别主要表现在以下几个方面:

1. 银行对待风险的基本政策

不同的银行对待风险的政策是不同的,一些银行偏好比较保守的信贷政策,另一些银行则喜欢开展一些"创新性业务"。这些政策在一定程度上反映了银行管理者的个性和银行存款的特征。业务范围大、分支机构多的银行能够很好地分散风险,而一些专业化的小银行能够接受的信用风险要小得多。

2. 银行所能提供的咨询服务

一些银行提供咨询服务,某些银行甚至设有专门机构向客户提供建议和咨询。

3. 银行对待客户的忠诚度

财务管理学上所指的银行忠诚度是指在公司困难时期,银行支持借款人行为的程度。不同的银行,其对客户的忠诚度是不同的。一些银行要求公司无论遭受何种困难,都必须无条件地偿还其贷款。而另一些银行十分顾及"老交情",即使自己遇到困难,也要千方百计地支持那些与自己有着多年业务关系的公司,帮助这些公司获得更有利的发展条件。

4. 银行贷款的专业化程度

银行在贷款专业化方面有着极大的差异。大银行有专门的部门负责不同类型的针对行业特征的专业化贷款。小银行则比较注重公司生产经营所处的经济环境。借款者可以从经营业务十分熟悉并且经验丰富的银行那里获得更主动的支持和更有创新性的合作。因此,理财者应该慎重选择银行。

5. 其他

银行的规模、对外汇的管理水平等都是公司需要考虑的因素。

三、短期借款筹资的基本程序

银行短期借款的程序与银行长期借款的程序基本相同。现结合流动资金借款的特点说明如下。

(一) 企业提出申请

向银行借入短期借款时,必须在批准的资金计划占用额范围内,按生产经营的需要，逐笔向银行提出申请。企业在申请书上应写明借款种类、借款数额、借款用途、借款原因、还款日期。另外，还要详细写明流动资金的占用额、借款限额、预计销售额、销售收入资金率等有关内容。

（二）银行对企业申请的审查

银行接到企业提出的借款申请书后，应对申请书进行认真的审查。审查内容主要包括：审查借款的用途和原因，作出是否贷款的决策；审查企业的产品销售和物资保证情况，决定贷款的数额；审查企业的资金周转和物资耗用状况，确定贷款的期限。

（三）签订借款合同

为了维护借贷双方的合法权益，保证资金的合理使用，企业向银行借入流动资金时，双方应签订借款合同。借款合同主要包括如下四个方面内容。

1. 基本条款

这是借款合同的基本内容，主要强调双方的权利和义务，具体包括借款数额、借款方式、款项发放的时间、还款期限、还款方式、利息支付方式、利息率等。

2. 保证条款

这是保证款项能顺利归还的一系列条款，包括借款按规定的用途使用、有关的物资保证、抵押财产、保证人及其责任等内容。

3. 违约条款

这是对双方若有违约现象时应如何处理的条款，主要载明对企业逾期不还或挪用贷款等如何处理和银行不按期发放贷款的处理等内容。

4. 其他附属条款

这是与借贷双方有关的其他一系列条款，如双方经办人、合同生效日期等条款。

（四）企业取得借款

借款合同签订后，若无特殊原因，银行应按合同规定的时间向企业提供贷款，企业便可取得借款。

如果银行不按合同约定按期发放贷款，应偿付违约金。如果企业不按合同约定使用借款，也应偿付违约金。

（五）短期借款的归还

借款企业应按借款合同的规定按时、足额支付借款本息。贷款银行在短期贷款到期一个星期之前,应当向借款企业发送还本付息通知单,借款企业应当及时筹备资金,按期还本付息。

不能按期归还借款的,借款人应当在借款到期日之前向贷款人申请贷款展期,但是否同意展期应由贷款人视情况而定。申请保证借款、抵押借款、质押借款展期的,还应当由保证人、抵押人、出质人出具同意的书面证明。

四、短期借款筹资的优缺点

(一)银行短期借款的优点

1. 银行资金充足、实力雄厚,能随时为企业提供比较多的短期贷款

对于季节性和临时性的资金需求,采用银行短期借款尤为方便。而那些规模大、信誉好的大企业,更可以比较低的利率借入资金。

2. 银行短期借款具有较好的弹性

可在资金需要增加时借款,在资金需要减少时还款。

(二)银行短期借款的缺点

1. 资本成本较高

采用短期借款筹资的成本比较高,不仅不能与商业信用相比,与短期融资券相比也高出许多。而抵押借款因需要支付管理和服务费用,成本更高。

2. 限制较多

向银行借款,银行要在对企业的经营和财务状况进行调查以后才能决定是否贷款,有些银行还要求对企业有一定的控制权,要求企业把流动比率、负债比率维持在一定的范围之内,这些都会构成对企业的限制。

第四节 短期融资券

短期融资券(Short-Term Commercial Paper)又称为商业票据、短期债券,是由大型工商企业或金融企业发行的短期无担保本票,是一种新兴的短期资金筹集方式。

一、短期融资券的种类

按不同的标准,短期融资券可划分为不同类型。

(一)按发行方式不同划分

短期融资券可分为经纪人代销的融资券和直接销售的融资券。

1. 经纪人代销的融资券

经纪人代销的融资券又称间接销售融资券,是指先由发行人卖给经纪人,然后由经纪人再卖给投资者的融资券。经纪人主要有银行、投资信托公司、证券公司等。企业委托经纪人发行融资券,要支付一定数额的手续费。

2. 直接销售的融资券

直接销售的融资券是指发行人直接销售给最终投资者的融资券。直接发行融资券的公司通常是经营金融业务的公司或自己有附属金融机构的公司,它们有自己的分支网点,有专门的金融人才,因此,有力量自己组织推销工作,从而节省了间接发行时应付给证券公司的手续费。直接销售的融资券目前已占据相当大的比重。

根据我国《银行间债券市场非金融企业债务融资工具管理办法》的相关规定,我国非金融企业发行短期融资券必须由符合条件的金融机构承销,企业不得自行销售融资券。

(二)按发行人的不同划分

短期融资券可分为金融企业的融资券和非金融企业的融资券。

1. 金融企业的融资券

金融企业的融资券主要是指由各大公司所属的财务公司、各种投资信托公司、银行控股公司等发行的融资券。这类融资券一般都采用直接发行的方式发行。

2. 非金融企业的融资券

非金融企业的融资券是指那些没有设立财务公司的工商企业所发行的融资券。这类企业一般规模不大,多采用间接方式来发行融资券。

(三)按融资券的发行和流通范围不同划分

短期融资券可分为国内融资券和国际融资券。

1. 国内融资券

国内融资券是一国发行者在其国内金融市场上发行的融资券。发行这种融资券一般只要遵循本国法规和金融市场惯例即可。

2. 国际融资券

国际融资券是一国发行者在其本国以外的金融市场上发行的融资券。发行这种融资券，必须遵循有关国家的法律和国际金融市场上的惯例。在美国货币市场和欧洲货币市场上，这种国际短期融资券很多。

二、短期融资券的发行程序

在我国，企业发行短期融资券，一般要按如下程序进行。

（一）作出筹资决策

根据我国法律的相关规定，企业必须符合一定的条件才具有申请发行融资券的资格，具体包括以下内容。

1. 是在中华人民共和国境内依法设立的企业法人。
2. 具有稳定的偿债资金来源，最近一个会计年度盈利。
3. 流动性良好，具有较强的到期偿债能力。
4. 发行融资券募集的资金用于本企业生产经营。
5. 近三年没有违法和重大违规行为。
6. 近三年发行的融资券没有延迟支付本息的情形。
7. 具有健全的内部管理体系和募集资金的使用偿付管理制度。
8. 中国人民银行规定的其他条件。

在充分了解金融市场状况和自身经营现状的基础上，企业财务部门将短期融资券列为可行的筹资方案，并向总经理或董事会提出申请，由其进行最后决策。

（二）选择承销商

我国企业短期融资券的发行必须由符合条件的金融机构承销，企业自身不具有销售融资券的资格。因此，企业在发行方案经总经理或董事会批准之后，应选择拥有承销资格的金融机构作为主承销商。

主承销商应当是具备中国人民银行所规定的相关资格的金融机构，在短期融资券的发行过程中全面承担与发行直接相关的工作。具体包括：与发行人就有关发行方式、日期、利率、价格、发行费用等进行磋商，达成一致；编制向主管机构提供的有关文件；组织承销团；筹划组织召开承销会议；协助发行人申办有关法律方面的手续；向认购人交付融资券并清算价款等。

企业如需变更主承销商，还应当报中国人民银行备案。

（三）办理信用评级

信用评级是由专家、学者组成专门的机构，运用科学的综合分析方法，对企业及金融工具的信用情况进行评定和估价。根据规定，我国企业在发行短期融资券时，应当由在中国境内注册且具备债券评级资质的评级机构进行信用评级。

短期融资券信用评级的主要步骤包括以下三点。

1. 由发行企业将与融资券发行相关的基础性资料提交给评级机构。

2. 评级机构在对基础材料的真实性、可靠性、一致性进行核定的基础上，对发行企业的信用质量以及融资券本身的特点和实际情况进行分析、评定，将评级结论归结到发行人对短期融资券本息的偿付能力上，并出具信用评级报告。

3. 评级机构在遵守保密原则并征得发行人同意的前提下，通过报刊、网络、媒体等信息平台向投资者与资本市场发布信用评级报告。

（四）向审批机关提出申请

中国人民银行总行与各省、自治区、直辖市分行是我国企业发行融资券的审批、管理机关。企业发行短期融资券，必须通过其主承销商向各级人民银行的金融管理部门提出申请，经过批准后才能发行。在申请书及其附件中，企业必须提供如下一些内容。

1. 发行融资券的备案报告。

2. 董事会同意发行融资券的决议或具有相同法律效力的文件。

3. 主承销商推荐函（附尽职调查报告）。

4. 融资券募集说明书（附发行方案）。

5. 信用评级报告全文及跟踪评级安排的说明。

6. 经注册会计师审计的企业近三个会计年度的资产负债表、利润表、现金流量表及审计报告全文。

7. 律师出具的法律意见书（附律师工作报告）。

8. 偿债计划及保障措施的专项报告。

9. 关于支付融资券本息的现金流分析报告。

10. 承销协议及承销团协议。

11. 企业法人营业执照（副本）复印件。

12. 中国人民银行要求提供的其他文件。

（五）审批机关审查和批准

中国人民银行的金融管理部门在接到企业申请后，要对如下一些内容进行认真审查。

1. 对发行资格进行审查。主要包括：审查发行单位是否在市场监管部门登记并领有营业执照；审查发行单位是否有足够的自有资产；审查发行单位是否有可靠的还款来源；审查信用担保人的资格和担保契约书的内容。

2. 对资金用途进行审查。企业发行融资券所筹集的资金只能用于解决企业临时性、季节性流动资金不足，不能用于企业资金的长期周转和固定资产投资。

3. 审查会计报表的内容。主要包括：审查会计报表是否经注册会计师签字；审查会计报表中的资金来源和资金占用是否合理；审查企业盈利情况如何；审查企业的主要财务比率是否健全。

4. 审查融资券的票面内容。融资券票面一般要载明如下内容：企业名称、地址；融资券票面金额；票面利率；还本期限和方式；利息支付方式；融资券的发行日期和编号；发行企业签章和企业法人代表签章等。

审查通过后，中国人民银行将根据规定的条件和程序向企业下达备案通知书，并核定该企业发行融资券的最高余额。

（六）正式发行，取得资金

经审查机关审查同意后，发行企业便可正式发行短期融资券。

在承销发行方式下，主要发行步骤如下。

1. 发行融资券的企业与经纪人协商融资券的有关事项，并签订委托发行协议。

2. 经纪人按协议中的有关条件和承销方式，发布公告并进行其他宣传活动。

3. 投资者购买融资券，资金存入经纪人账户。

4. 经纪人将资金划转至发行融资券的企业账户中，并按协议中的规定处理未售完的融资券。

三、短期融资券筹资的优缺点

（一）短期融资券筹资的优点

1. 短期融资券筹资的成本低

在西方国家，短期融资券的利率加上发行成本率，通常要低于银行的同期贷款利率。这是因为在采用短期融资券筹资时，筹资者与投资者直接往来，绕开了银行中介，节省了一笔原应付给银行的筹资费用。但目前我国短期融资券的利率一般要比银行贷款利率高，这主要是因为我国短期融资券市场刚刚建立，投资者对短期融资券还缺乏了解。随着短期融资券市场的不断完善，短期融资券的利率会逐渐接近银行贷款利率，直至略低于银行贷款利率。

2. 短期融资券筹资数额比较大

银行一般不会向企业发放巨额的流动资金借款。如在西方，商业银行贷给个别公司的最大金额不能超过该公司资本的 10%。因此，对于需要巨额资金的企业，短期融资券这一方式尤为适用。

3. 短期融资券筹资能提高企业的信誉

由于能在货币市场上发行短期融资券的公司都是著名的大公司，因此，一家公司如果能在货币市场上发行自己的短期融资券，就说明该公司的信誉很好。

（二）短期融资券筹资的缺点

1. 发行短期融资券的风险比较大

短期融资券到期必须归还，一般不会有延期的可能。到期不归还，会产生严重后果。

2. 发行短期融资券的弹性比较小

只有当企业的资金需求达到一定数量时才能使用短期融资券，如果数量小，则不宜采用短期融资券方式。另外，短期融资券一般不能提前偿还，因此，即使公司资金比较宽裕，也要到期才能还款。

3. 发行短期融资券的条件比较严格

并不是任何公司都能发行短期融资券，必须是信誉好、实力强、效益高的企业才能发行。一些小企业或信誉不太好的企业则不能利用短期融资券来筹集资金。

企业财务审计的基本概念

第一节 企业财务审计的含义、特征及作用

一、企业财务审计的含义

企业财务审计是现代社会经济发展的必然产物。企业财务审计是审计工作的重要组成部分,也是审计实务的基础,在审计工作中占有十分重要的地位。要了解企业财务审计的含义,我们有必要对审计的含义做一下历史回顾。

我国审计学界对我国审计的定义曾有多种表述。1989 年 3 月,中国审计学会在审计基本理论讨论会上经反复研讨认为,审计是指由专职机构和专业人员,依法对被审计单位的财政、财务收支及其有关经济活动的真实性、合法性和效益性进行审查,评价经济责任,用以维护财经法纪,改善经营管理,提高经济效益,促进宏观调控的独立性的经济监督活动。这一定义对我国审计的主体、客体、对象、职能、依据、本质和目的作出了高度概括。

财务审计是审计的重要基础和分支,根据以上审计的含义,我们可以把企业财务审计概括成:企业财务审计是在现代企业环境和审计环境下,由国家审计机关、会计师事务所和内部审计机构及其专职审计人员,依照审计准则和相关法律、法规,并采用现代审计技术依法独立地对企业的资产、负债、所有者权益和损益等会计信息的真实性,财务收支业务和相关经济活动的合法性、合理性、效益性,以及对企业经营管理者应承担的经济责任进行审查、监督、鉴证与评价,借以揭示错弊,维护财经法纪,提高企业经济效益并促进宏观调控的审查监督体系。

企业财务审计概念包括以下几个基本含义。

(1) 企业财务审计是现代企业环境和现代审计环境相结合的产物,企业财务审计是一个发展的概念。

(2) 企业财务审计主体不仅是会计师事务所,而且包括国家审计机关和企业内部审计机构,以及这些专门审计组织的专职审计人员。

(3) 企业财务审计的对象不仅是企业的会计信息,还应包括企业的财务收支业务,相关经济活动和评价内部控制制度,评价厂长、经理应承担的经济责任等。

(4) 依法审计是企业财务审计的重要特征,"依法"不仅是对审计对象的要求;而且也是对审计组织和审计人员自身的要求。

(5) 独立性是审计区别于其他专业监督的根本特征,依法独立监督是各国法律赋予审计的特别权力,也是国际审计惯例的基本要求。不能独立行使审计监督,企业财务审计也就无须存在。

(6) 现代审计技术是相对于传统的企业财务审计手工操作技术而言的,比如运用计算机审计技术是现代审计工作的一项突出要求。

(7) 企业财务审计职能不仅包括传统财务审计的监督、鉴证,而且也包括评价职能。评价职能是现代经济环境对企业财务审计的客观需要。

(8) 企业财务审计的最终目的是提高企业经济效益和促进宏观调控服务。

二、企业财务审计的特征

企业财务审计正是在现代资本主义经济环境中,具备了内在发展条件和外部发展动力。企业财务审计具有以下基本特征。

(一) 审计范围国际化

传统的企业财务审计,由于企业规模较小、业务空间不大,一般都局限在国内市场中。随着跨国公司和国际经济垄断组织的涌现,企业生产经营活动的空间越来越大,彻底打破了行业、部门、地区和国界的局限,形成全球经济一体化格局,从而促使现代企业财务审计业务范围的国际化。

（二）审计领域扩大化

随着企业财务审计职能的扩展，审计领域也日益扩大。传统的企业财务审计，一般只对会计信息审查鉴证，而现代企业财务审计则逐渐将审计领域延伸到经营管理与绩效、经济责任的审查与评价等方面，并进而衍生出经营审计、管理审计、绩效审计、"五E"审计和经济责任审计等一系列崭新的审计领域。

（三）审计层次立体化

从被审计对象经济责任关系的层次复杂化来分析企业财务审计的特征。现代企业规模的急骤扩大与所有制结构的日益复杂，必然导致权力让渡及其形成的经济责任关系复杂化，这是企业财务审计的又一特征。

（四）审计内容复杂化

企业财务审计范围的国际化，审计领域的扩大化和审计层次的立体化，都从不同方面影响到审计内容的复杂化。这里还要从审计目标的多角度化来进一步分析审计内容的复杂化。审计目标是审计人员根据审计对象特征拟定的审计要求。企业的审计对象大体上可分为两大体系：一是市场体系的主体结构，包括所有权、占有权和支配权的让渡，这些让渡直接表现为企业权益的变异。按照优胜劣汰的竞争原则，更意味着企业本身全部权益或部分权益的联合、兼并、分立、改制、重组、破产、倒闭、清算和拍卖。二是市场体系的客体结构及其再生产过程，包括商品、劳务、资金、技术、信息等的生产与消费，以及交换与分配，从价值的角度考察就是资金的周而复始，这里既有资金的筹集、运用、消耗、增值、收回、退出和分配价值信息的真实、正确，又有物资运动的合法、合理与效益，既有事前的预测、决策与计划，又有事中的管理与控制，还有事后的考核与评价。这两大体系的审查、监督、鉴证与评价，大致上构成了企业财务审计对象的基本内容和目标。

（五）审计主体多元化

在早期资本主义和近代资本主义的经济活动中，企业的财务审计工作主要由注册会计师承担，审计主体比较单一。随着国家资本向企业的渗透和公营企业的产生与发展，国家或政府审计机关的审计业务也迅速扩大到企业财务审计领域。又由于20世纪40年代内部审计的异军突起，企业财务审计主体中又增加了内部审计机构，形成了国家或政府审计、内部审计和会计师事务所审计三足鼎立的多元化审计主体。

（六）审计行为规范化和审计技术科学化

竞争的剧烈性越高审计的风险越大，对审计人员的素质和行为规范的要求越严格。20世纪30年代的世界性"诉讼爆炸",使审计界业内人士受到极大震撼,于是各国的审计组织都制定了各自的审计准则体系。到20世纪末,国际审计实务委员会颁布了国际审计标准,同时最高审计机关国际组织还先后公布了著名的《悉尼总声明》和《利马宣言》,这些经典性文告都对世界各国审计人员素质的提高和行为规范产生了极大的影响。最后需要强调的是,随着现代科学技术的高速发展,会计信息的电算化、网络化、数码化进程的加快也极大地鼓舞和要求着企业财务审计技术的相应发展。

三、企业财务审计的作用

企业财务审计的作用主要体现在以下几个方面。

(一) 保证企业资产的安全完整性和企业经营活动的合规性与合法性

企业是国家社会经济的重要组成部分,其财产安全与否,直接关系到企业的生存与发展。随着改革开放的深入,企业财产物资的安全日益突显其重要性。在近几年的企业改革中,出现了股份制改造、租赁、承包、兼并、分立等多种形式的企业组织变化。一些企业在这个过程中,由于种种原因导致资产流失极为严重。同时,相当多的企业由于转换经营机制不力、管理松弛,即使账簿上反映其拥有的资产依然完整,但其实际生产能力、创造经济效益的能力却在下降。因此必须通过对企业进行财务审计,保证其财产物资的安全、完整,促使这些企业充分挖掘其财产物资的经营活力。

企业生产经营活动首先应遵守国家方针、政策、法律、法规及有关的行业政策,为社会提供各项服务。对企业进行财务审计,能够有效制止各种违法违纪现象的发生,从而维护社会经济秩序,使国民经济向着健康、有序的方向发展,保证社会经济稳定快速地增长。

(二) 有助于正确评价经营业绩,确保企业履行各项经营责任和实现经济目标

企业是社会经济的重要组成部分,其经营业绩是否良好,关系到企业的生存与未来的发展。企业要立足于市场,必须参与市场竞争,优胜劣汰。有良好的业绩,企业才有生存的可能。这种业绩包括两种含义:一是指企业通过自身的经营取得较好的经济效益,确保资产不被侵蚀,保证原来的生产能力或者在扩大生产能力的基础上持续经营,从而不断壮大自身的实力;二是企业的经营业绩不直接表现为一定的经济利益,而是表现为一定的社会效益,这种企业的评价应以最少

的投入提供出的最好的服务或社会效益为标准。通过对企业经营业绩的评价，鼓励先进，鞭策落后，形成一个良好的激励机制。

经营责任是企业在所有权和经营权相分离的基础上形成的，即经营者对所有者承担相应的经济责任，这些经营责任又具体体现在各项经济目标的实现上。没有一个个具体经济目标的实现，经营者的经济责任就难以如约履行。当然，经营责任的履行还应有其相应权力和利益作为基础，这种以"责"为核心，以"权"为保证的机制，能够有效保证经营目标的实现，它在一定程度上也有赖于对企业的财务审计。

通过对企业的财务审计，能从法律上确认经营者对经济责任的履行情况。当企业的所有权和经营权分开时，所有权人有权了解经营者对经济责任的履行情况，审计正是基于这一基础而产生、发展起来的。在所有权和经营权相分离的前提下，所有者难以及时全面了解经营者对经济责任的履行情况，而经营者自己也难以证明自己的经营责任和财务责任，只有通过审计，通过独立的第三者，以一定的技术和手段，通过审查其经济业务及有关记录，来确认其经济责任的履行情况。

（三）促使健全完善内部控制制度，加强管理，提高经济效益

审计是一项独立性的经济监督活动，一方面要依据国家有关政策、经济法律、经济法规的规定，对企业各项经济业务进行合法性审查；另一方面又要依据《企业会计准则》和《企业会计制度》对企业资产、负债、所有者权益、收入、成本费用、利润等项目的真实性、公允性以及会计处理方法的一致性进行审查鉴证。通过审计可以及时发现各种不符合国家法规政策的行为，同时，也可以发现各种违反《企业会计准则》和《企业会计制度》的财务核算，使国家利益、公有财产不受损失。当今社会，随着经济繁荣，市场竞争日趋激烈，出现了各种各样的经济犯罪。从企业角度来看，有的进行非法交易，从事不符合国家政策、法律、法规的经济事项或者超越法律的限制非法经营；有的在经济交往中，故意损害国家或其他经济组织的利益；有的在财务会计信息的反映过程中，损害其他经济组织；有的在财务会计信息的反映过程中，人为地调整、弄虚作假、损公肥私、欺骗上级等。各种经济犯罪都会造成国有资产的流失，给国家造成很大的经济损失，严重的还会影响国家声誉。所有这些可能存在的隐患，如果不能及时纠正，将会给国家造成极大的危害。所以，企业的财务进行审计是防患于未然的必然手段。

企业效益的来源有两个方面：一是向生产要效益，二是向管理要效益。没有一个完善的内部控制机制，没有一套严密的组织管理机制，处于混乱之中的企业是难以生存和发展的。对企业的财务审计不仅能及时发现企业管理中存在的缺陷,并根据其具体情况,有的放矢地提出建议,解决问题,而且能全面提高企业的经营管理水平。

(四) 及时了解和掌握审计信息,满足国家宏观经济管理和调控的需要

企业是国家经济的细胞和支柱,其运转状况直接影响到国民经济的发展,也关系到社会稳定。随着经济体制改革的深入和政府职能的转变,国家对企业控制主要是通过间接方式进行的。对企业的了解也是通过有关统计资料、财务报告及其他资料的逐级上报来实现的。这些数量庞大,又经多道程序加工、演绎、汇总的资料,一方面由于对各项数据处理方法、处理工具、处理政策的不同而产生差异;另一方面也存在各种人为因素的影响,如指导思想、个人观点、技术能力以及各种人为调节等。因此,这些经过多道程序而形成的信息的真实性、可靠性、合法性需要有一个专门的监督机构来验证。对企业进行财务审计及时解决了各种间接信息的可靠性、真实性和合法性等问题,为国家全面掌握企业的生产经营运转状况提供了可靠的依据,从而保证依据该信息所作出的各种决策具有可行性和有效性,保证国家宏观调控落于实处。

随着这些年来的经济体制改革,市场在资源配置中正在逐步发挥基础性作用,但政府仍然需要通过一定的调控和管理措施对国民经济运行情况进行调节。国家需要通过对企业生产经营情况进行了解,然后作出合理判断,以便于制定正确、有效的调控和管理措施,保证国民经济协调发展。而其所需的一切信息是否真实可靠,在很大程度上取决于企业财务审计的结果。

(五) 确保会计信息及其他经济信息真实、可靠,为各方面正确决策提供可靠的依据

会计信息及其他经济信息是各方面利害关系人全面了解企业,正确评价过去,科学预测未来,进行正确决策的依据。企业的发展,不仅需要内部努力,也和外部各方面存在一定利害关系。企业的利害关系人要通过对投入资本运行情况的了解,正确确定下一步的投资和经营方针,通过对企业经济状况的了解,来增加与之往来的可靠性,规范企业之间的交易行为。在实际工作中,可能会出现某些企业为满足眼前利益或局部利益,改变经济业务的会计处理程序的方法,以至会计报表所反映的信息严重失实,诸如高估资产、低报负债、虚盈实亏、贪污舞弊等行为,严重损害了国家和社会公众的利益。而这些信息的需要者,因各种原因不能直接参与企业的生产经营活动,他们对企业资产的保管、使用情况及其经

济效益，只有通过以会计核算信息为主的经济信息来得到满足。因此，满足社会各方面对企业信息全面了解的需求是企业财务审计的一个基本目的。

第二节 企业财务审计的目标与内容

一、企业财务审计的目标

审计目标是指审计人员根据审计授权或委托人的要求，执行审计任务时需要达到的结果，分为总目标和具体目标。总目标是审计授权人或委托人对某项审计活动的总体要求，具体目标则是对总目标或审计目的的具体化。一般而言，总目标是用以衡量某项审计业务最终结果的总体要求，而具体目标则是用以鉴证某方面经济活动是否符合这一总体要求的衡量标尺。总目标随着审计授权人或委托人的总体要求而变化，一般审计事项的具体审计目标包括以下内容。

（一）真实性

真实性是指审查经济业务是否确实发生，会计信息是否真实可靠。应该说明的是，真实性虽然是企业财务审计中最主要的目标，但真实性这个概念不是绝对的。不仅被审计单位的会计信息不可能百分之百的准确，而且从审计的角度来看，不可能要求对审计事项的真实性作出百分之百的担保，特别是会计报表审计，往往只是要求达到公允的程度。换言之，审计人员对会计报表信息的审计意见，只要不导致报表使用者作出错误的判断和错误的决策就可以了。

（二）存在性

存在性是指审查披露的信息是否客观存在，通常用以衡量有余额的资产、负债、所有者权益的报表项目或会计科目。

（三）所有权

所有权是指审查会计信息中的资产、负债与所有者权益确实为被审计单位所有。

（四）计价

计价是指审查企业资产计价，计价在资产审计中是一个非常重要且比较复杂的问题，通常要考虑购进计价、发出计价、余额计价、折旧、摊销价值转移等问题，有经验的审计人员往往有"资产审计、重在计价"的说法。

（五）合理性

合理性是指评价经济业务的发生、处理、结果是否合理，评价的主要对象通常是投资、筹资、存货、应收或预付款项。合理性是内部审计中一项极为重要的审计标准。

（六）完整性

完整性是指审查经济业务是否全部入账并在报表上完整反映。

（七）正确性

正确性是指审查企业账务处理、报表编制是否合规、合法，计算是否准确。

（八）报表披露

根据《企业会计准则》的要求，应将会计变更、会计估计等重大事项在报表上披露，以方便报表使用者对报表信息的理解。

（九）合法性

合法性是指审查企业经济业务是否符合法律、法规规定。

综上所述，由于国家审计、内部审计和会计师事务所审计各自承担的任务不同，他们的审计侧重点也不一样。一般而言，国家审计机关在进行企业财务审计时，主要侧重于查错防弊，维护财经法纪，维护国有资产安全完整，改善经营管理，提高经济效益和加强宏观调控方面，因此合法性往往是审计的首要目标。会计师事务所审计主要向投资人、债权人及企业其他利害关系人提供会计信息的鉴证，因此会计信息的真实性往往是审计的首要目标。内部审计是为强化企业管理服务的，因此审查经济业务的合理性往往是审计的首要目标。

二、企业财务审计的内容

企业财务审计的内容是企业资金运动在各环节上的会计反映及其内在联系。从这个意义上说，企业财务审计的内容就是会计核算和反映的内容，即会计资料及其有关经济资料所反映的财务收支和经济活动，在企业中具体表现为资产、负债、所有者权益、收入、费用和利润六大要素及其载体财务报表。

（一）企业资产审计的内容

资产是指由企业过去的交易或事项形成的、由企业拥有或者控制的、预期会给企业带来经济利益的资源。企业资产是企业生产经营的基础和前提，也是企业资金运行的具体体现。企业资产审计的内容主要包括流动资产、长期股权投资、固定资产、无形资产及长期待摊费用。其中，流动资产又可分为货币资金、应收账款、交易性金融资产、存货等。企业资产审计的目标包括：①审查企业有关资金的内部控制等是否健全、有效；②审查证实资产是否确实存在；③审查企业资产的所有权是否归企业所拥有；④审查各项资产的计价是否合理；⑤审查各项资产是否已在财务报表上充分披露。

（二）企业负债审计的内容

负债是指由企业过去的交易或者事项形成的，预期会导致经济利益流出企业的现实义务。企业负债审计的内容主要包括流动负债和非流动负债。流动负债是指一年内或超过一年的一个营业周期内应偿还的债务，主要包括短期借款、应付票据、应付账款、应付职工薪酬、应交税费和应付股利等。非流动负债是指偿还期在一年以上或超过一年的一个营业周期以上的债务，主要包括长期借款、应付债券和长期应付款。长期负债项目虽少，但其发生额却很大，是企业融资的重要手段。企业负债审计的目标包括：①审查企业有关负债的内部控制是否健全、有效；②审查企业所列各项负债是否确实存在；③审查各项负债记录是否完整，有无漏列；④审查企业负债的会计计量是否准确；⑤审查与负债有关的费用的会计处理是否正确；⑥审查各项负债是否在财务报表上充分披露。

（三）企业所有者权益审计的内容

所有者权益是指企业资产扣除负债后由所有者享有的剩余权益。企业所有者权益审计的内容主要包括所有者对企业的资本投入，以及在生产经营过程中形成的资本增值部分。资本增值部分的内容主要有资本本身带来的资本公积，生产经营的盈余公积和未分配利润。企业所有者权益审计的目标包括：①审查企业有关所有者权益的内部控制是否健全、有效；②确定各项所有者权益的增减变动是否符合国家法律、法规及企业章程的规定；③审查各项所有者权益记录是否完整，有无遗漏；④审查各项所有者权益的余额是否正确；⑤审查各项所有者权益项目是否已在财务报表中充分披露。

（四）企业收入的审计内容

收入是指企业在日常活动中形成的，会导致所有者权益增加的，与所有者投入资本无关的经济利益的总流入。企业收入审计的内容主要包括主营业务收入和其他业务收入。主营业务收入包括产品销售收入和工业性劳务所得，它们是企业收入的最主要来源。其他业务收入是指除销售产品、提供劳务或让渡资产使用权等主营业务收入以外的其他业务收入，主要包括销售材料、无形资产转让，以及非工业性劳务收入等。企业收入审计的目标包括：①审查企业有关收入的内部控制是否健全、有效；②审查各项收入的记录是否完整；③审查各项收入的会计处理是否正确；④确定各项收入是否与相应的费用配比；⑤审查确定各项收入是否已在财务报表上充分披露。

（五）企业费用的审计内容

费用是指企业在日常活动中发生的，会导致所有者权益减少的，与向所有者分配利润无关的经济利益的总流出。企业费用审计的内容主要包括直接费用、间接费用和期间费用。直接费用是指企业生产产品或提供劳务等而发生的直接材料、直接人工和其他直接制造费用，这部分费用是构成生产经营成本的主要内容。间接费用是指企业为生产商品和提供劳务等而发生的各项间接费用，一般称为制造费用，这部分费用应当按照一定的标准合理分配计入生产经营成本。期间费用是指与企业产品生产没有直接关系，不参加成本计算而计入某一会计期间的费用，其主要包括销售费用、管理费用和财务费用。企业费用审计的目标包括：①审查与各项费用支出有关的内部控制是否健全、有效；②审查确认各项费用的发生是否真实，记录是否完整；③审查各项费用的会计处理是否正确；④审查各项费用是否与收入相配比；⑤确认各项费用是否已在财务报表中适当披露。

（六）企业利润的审计内容

利润是指企业在一定期间的经营成果。利润包括收入减去费用后的净额，直接计入当期利润的利得和损失等。企业利润审计的内容主要包括利润形成的审计和利润分配的审计。企业利润审计的目标包括：①审查企业利润的各项目内容是否真实；②审查企业利润计算是否正确；③审查企业各项应交国家的税收及利润分配是否按规定及时足额缴纳；④审查企业利润分配及其余额是否已在财务报表上充分披露。

（七）企业财务报表的审计内容

财务报表审计是企业财务审计的起点和归宿。对企业财务报表进行审计，即对以资产负债表、利润表及现金流量表为核心的一系列财务报表内容的真实性、合法性进行审查。财务报表集中反映了企业财务信息，是国家有关部门正确评价企业，作出投资和宏观调控决策的主要依据。同时，能为各级管理部门了解企业财务状况和经营业绩，完善企业内部控制，改善经营管理，提高经济效益，更好地服务于社会提供可靠的依据。企业财务报表审计的内容主要包括以下几个方面：①审查财务报表完整性。审查财务报表完整性包括财务报表本身的完整性和财务报表应揭示内容的充分性。前者包括资产负债表、利润表、现金流量表、财务报表附注及相关附表，对于需要编制合并财务报表的企业，还应该包括合并财务报表；后者包括上述财务报表应填报的项目和内容是否完整。要审查财务报表是否全面、充分地反映企业财务状况和经营成果，对于重要的经济业务，是否单独列示。②审查财务报表及时性。审查财务报表及时性就是审查企业的财务报表能否在规定的期限向社会公布，以保证报表使用者及时获得所需的财务信息并不失时机地作出相应决策。③审查财务报表真实性。审查财务报表真实性主要是审查财务报表所反映的财务状况、经营成果，包括资产、负债、损益的各项数据是否真实存在，账实是否相符，归类是否正确，所有权的归属是否真实，计算是否准确等。特别应注意有无故意高估资产、少列负债、明盈实亏等情况的存在。④审查财务报表合规性、合法性。审查财务报表合规性、合法性主要是审查企业的各项财务收支活动及其相关的会计处理和报表，揭示其是否符合国家的法令、法规、制度、章程。例如，收入的确认、成本的核算、税金的计算与缴纳、利益的分配、公积金的提取等，审查是否严格执行国家规定。⑤审查财务报表正确性。审查财务报表正确性主要是审查企业对会计政策的执行和说明、会计方法的选用与变更、会计记录、计算与财务处理是否正确。例如，企业对于会计主体、会计分类、持续经营、货币计量的遵循情况。企业对于会计核算的一般原则，包括可靠性、相关性、可理解性、可比性、实质重于形式、重要性、谨慎性和及时性等的执行情况。企业对于编报财务报表时所采用的原则、基础、惯例、规则、程序、截止日期、期后会计事项、重要会计政策变更的影响是否在报表中予以充分揭示等。

随着经济的发展，审计技术的改进以及风险导向审计模式的应用，企业财务审计的内容一般限定为企业财务报表审计，在体例安排上多采用按照企业业务循环的模式开展审计。

企业财务报表审计的组织方式大致有两种：一是对财务报表的每个账户余额单独进行审计，此法称为账户法（Account Approach）；二是将财务报表分成几个循环进行审计，即把紧密联系的交易种类和账户余额归入同一循环中，按业务循环组织实施审计，此法称为循环法（Cycle Approach）。业务循环是指处理某一类经济业务的工作程序和先后顺序。业务循环审计是指注册会计师按照业务循环了解和测试企业内部控制，从而对企业财务报表的合法性、公允性进行审计的一种方法。

一般而言，账户法与多数被审计单位账户设置体系及财务报表格式相吻合，具有操作方便的优点，但它将紧密联系的相关账户（如存货和营业成本）人为地予以分割，容易造成整个审计工作的脱节和重复，不利于审计效率的提高；而循环法则更符合被审计单位的业务流程和内部控制设计的实际情况，不仅可加深审计人员对被审计单位经济业务的理解，而且由于将特定业务循环所涉及的财务报表项目分配给一个或多个审计人员，增强了审计人员分工的合理性，有助于提高审计工作的效率。

控制测试是在了解被审计单位内部控制、实施风险评估程序基础上进行的，而了解内部控制主要是评价控制的设计以及是否得到执行，与被审计单位的业务流程关系密切。因此，对控制测试通常应采用循环法实施。一般而言，在企业财务报表审计中可将被审计单位的所有交易和账户余额划分为4个、5个、6个甚至更多个业务循环。由于各被审计单位的业务性质和规模不同，其业务循环的划分也应有所不同。即使是同一被审计单位，不同注册会计师也可能有不同的循环划分方法。在本书中，我们将交易和账户余额划分为销售与收款循环、采购与付款循环、生产与存货循环、投资与筹资循环，分章阐述各业务循环的审计。

对交易和账户余额的实质性程序，既可采用账户法实施，也可采用循环法实施。但由于控制测试通常按循环法实施，为有利于实质性程序与控制测试的衔接，提倡采用循环法。

第三节　企业财务审计的过程与程序

一、企业财务审计的过程

审计方法从早期的账项基础审计演变到今天的风险导向审计。风险导向审计模式要求审计人员在审计过程中，以重大错报风险的识别、评估和应对作为工作主线。目前我国的政府审计、内部审计和会计师事务所审计均采用了风险导向审计模式。因此本节只介绍会计师事务所开展企业财务审计的审计过程。审计过程大致可分为以下几个阶段。

（一）接受业务委托

会计师事务所应当按照执业准则的规定，谨慎决策是否接受或保持某客户关系和具体审计业务。在接受新客户的业务前，决定是否保持现有业务或考虑接受现有客户的新业务时，会计师事务所应当执行一些客户接受与保持的程序，以获取如下信息：①考虑客户的诚信，没有信息表明客户缺乏诚信；②具有执行业务必要的素质、专业胜任能力、时间和资源；③能够遵守相关职业道德要求。

会计师事务所执行客户接受与保持的程序的目的，旨在识别和评估会计师事务所面临的风险。例如，如果注册会计师发现潜在客户正面临财务困难，或者发现现有客户在之前的业务中作出虚假陈述，那么可以认为接受或保持该客户的风险非常高，甚至是不可接受的。会计师事务所除考虑客户施加的风险外，还需要复核执行业务的能力，如当工作需要时能否获得合适的具有相应资格的员工，能否获得专业化协助，是否存在任何利益冲突，能否对客户保持独立性等。

注册会计师需要作出的最重要的决策之一就是接受和保持客户。一项低质量的决策会导致不能准确确定计酬的时间或未被支付的费用，增加项目合伙人和员工的额外压力，使会计师事务所声誉遭受破坏，或者涉及潜在的诉讼。

一旦决定接受业务委托，注册会计师应当与客户就审计约定条款达成一致意见。对于连续审计，注册会计师应考虑是否需要根据具体情况修改业务约定条款，以及是否需要提醒客户注意现有的业务约定书。

(二) 计划审计工作

计划审计工作是指注册会计师为了完成各项审计业务，达到预期目标，在具体实施审计程序之前编制的工作计划。

计划审计工作十分重要，计划不周不仅会导致盲目实施审计程序，无法获得充分、适当的审计证据以将审计风险降至可接受的低水平，影响审计目标的实现，而且还会浪费有限的审计资源，增加不必要的审计成本，影响审计工作的效率。而合理的审计计划有助于注册会计师关注重点审计领域，及时发现和解决潜在问题及恰当地组织和管理审计工作，以使审计工作更加有效。同时充分的审计计划还可以帮助注册会计师对项目组成员进行恰当分工，指导监督及复核其工作，有助于协调其他注册会计师和专家的工作。因此对于任何一项审计业务，注册会计师在执行具体审计程序之前，都必须根据具体情况制订科学、合理的计划，使审计业务以有效的方式得到执行。一般而言，计划审计工作主要包括：在本期审计业务开始时开展的初步业务活动；制定总体审计策略；制订具体审计计划等。

(三) 实施风险评估程序

审计准则规定，注册会计师必须实施风险评估程序，以此作为评估财务报表层次和认定层次重大错报风险的基础。所谓风险评估程序，是指注册会计师实施的了解被审计单位及其环境并识别和评估财务报表重大错报风险的程序。风险评估程序是必要程序，了解被审计单位及其环境特别是为注册会计师在许多关键环节作出职业判断提供了重要基础。了解被审计单位及其环境是一个连续和动态地收集、更新与分析信息的过程，贯穿于整个审计过程的始终。注册会计师应当运用职业判断确定需要了解被审计单位及其环境的程度。一般而言，实施风险评估程序的工作主要包括：了解被审计单位及其环境；识别和评估财务报表层次以及各类交易、账户余额、列报认定层次的重大错报风险，包括确定需要特别考虑的重大错报风险（即特别风险）以及仅通过实质性程序无法应对的重大错报风险等。

(四) 实施控制测试和实质性程序

注册会计师应当针对评估的财务报表层次重大错报风险确定总体应对措施，并针对评估的认定层次的重大错报风险设计实施进一步的审计程序，以将审计风险降低至可接受的低水平。进一步的审计程序包括控制测试和实质性程序。控制测试是指用于评价内部控制在防止或发现并纠正认定层次重大错报方面的运行有效性的审计程序（控制测试是用于测试内部控制运行是否有效的审计程序）。实质性程序是为了发现认定层次的重大错报而实施的测试程序，包括对各类交易、账户余额、列报的细节测试以及实质性分析程序。需要指出的是，注册会计师对重大错报风险的评估是一种判断，可能无法充分识别所有的重大错报风险，并且由于内部控制存在固有的局限性，无论评估的重大错报风险结果如何，注册会计师都应当针对所有重大的各类交易、账户余额、列报实施实质性程序。

(五) 完成审计工作和编制审计报告

注册会计师在完成财务报表所有循环的进一步审计程序后，还应当按照有关审计准则的规定做好审计完成阶段的工作，并根据所获取的各种证据，合理运用专业判断，形成适当的审计意见。本阶段主要工作包括：审计期初余额、比较数据、期后事项和或有事项；考虑持续经营问题和获取管理层声明；汇总审计差异，并提请被审计单位调整或披露；复核审计工作底稿和财务报表；与管理层和治理层沟通；评价审计证据，形成审计意见；编制审计报告等。

二、企业财务审计的程序

审计人员在审计过程中可以采用检查、观察、询问、函证、重新计算、重新执行、分析程序等审计程序来收集审计证据。这些审计程序又被称为审计的实质性程序。

(一) 检查

检查是指注册会计师对被审计单位内部或外部生成的、以纸质、电子或其他介质形式存在的记录或文件进行审查,或对资产进行实物审查。在实际工作中,检查包括检查记录或文件和检查有形资产。

检查记录或文件可以提供可靠程度不同的审计证据,审计证据的可靠性取决于记录或文件的性质和来源,而在检查内部记录或文件时,其可靠性则取决于生成该记录或文件的内部控制的有效性。

检查有形资产是指注册会计师对资产实物进行审查。检查有形资产可为其存在性提供可靠的审计证据,但不一定能够为权利和义务或计价认定提供可靠的审计证据。对个别存货项目进行的检查,可与存货监盘一同实施。

(二) 观察

观察是指注册会计师察看相关人员正在从事的活动或执行的程序。例如,对客户执行的存货盘点或控制活动进行观察。在审计过程中,在很多情况下,注册会计师可以通过运用看、听、闻、摸等手段对事物进行判断。例如,注册会计师通过参观企业的厂房对企业的设施有一个总体印象;通过观察机器设备是否生锈来估计其是否过时;通过观察被审计单位财务人员的日常工作来判断他们是否履行职责。当然,观察本身不能作为充分的审计证据来使用,它还需要其他相关的审计证据来佐证。

观察提供的审计证据仅限于观察发生的时点,并且在相关人员已知被观察时,相关人员从事活动或执行程序可能与日常的做法不同,从而影响注册会计师对真实情况的了解。因此注册会计师有必要获取其他类型的佐证证据。

(三) 询问

询问是指注册会计师以书面或口头方式,向被审计单位内部或外部的知情人员获取财务信息和非财务信息,并对答复进行评价的过程。

知情人员对询问的答复可能为注册会计师提供尚未获悉的信息或佐证证据,也可能提供与已获悉信息存在重大差异的信息。注册会计师应当根据询问结果考虑修改审计程序或实施追加的审计程序。

询问本身不足以发现认定层次存在的重大错报,也不足以测试内部控制运行的有效性,注册会计师还应当实施其他审计程序获取充分、适当的审计证据。

(四) 函证

函证是指注册会计师直接从第三方(被询证者)获取书面答复以作为审计证据的过程。书面答复可以采用纸质、电子或其他介质等形式。例如,对应收账款余额或银行存款的函证。由于函证的结果来自独立于被审计单位的第三方,可靠性很高,因此在审计过程中经常会考虑使用函证这一方法。然而,函证是一种成本较高的取证方法,而且可能会给回答者带来一些不便,所以并非在任何情况下都使用函证。当注册会计师使用函证时,他们尽可能地希望获得书面答复,因为书面答复比口头答复更可靠,而且便于复核。

是否需要函证取决于对可靠性的要求以及是否有可替代的审计程序。例如,在审计固定资产增加时就很少使用函证,因为这些都可以通过检查书面凭证和盘点等其他方法得到充分的证实。而且,如果没有回函或对回函结果不满意时,注册会计师必须实施必要的替代程序,以获取相应的审计证据。

(五) 重新计算

重新计算是指注册会计师以人工方式或使用计算机辅助审计技术,对记录或文件中的数据计算准确性进行核对。

重新计算通常包括计算销售发票和存货的总金额,加总日记账和明细账,检查折旧费用和预付费用的计算,检查应纳税额的计算等。

(六) 重新执行

重新执行是指注册会计师以人工方式或使用计算机辅助审计技术,重新独立执行作为被审计单位内部控制组成部分的程序或控制。例如,注册会计师利用被审计单位的银行存款日记账和银行对账单,重新编制银行存款余额调节表,并与被审计单位编制的银行存款余额调节表进行比较。

(七) 分析程序

分析程序是指注册会计师通过研究不同财务数据之间以及财务数据与非财务数据之间的内在关系,对财务信息作出评价。这类程序包括简单地比较和使用涉及许多关系和数据的复杂数学与统计模型。分析程序对合并财务报表、附属公司和分部的财务报表,以及财务报表的单个要素都可以运用。分析程序还包括调查识别与其他相关信息不一致或与预期数据严重偏离的波动和关系。

内部审计质量控制

第一节 内部审计质量控制概述

内部审计质量控制是指内部审计机构为确保其审计质量符合内部审计准则的要求而制定和执行的政策和程序。内部审计质量控制一般包括内部审计督导、内部自我质量控制与外部评价三个方面。

随着我国市场经济的发展和经济体制改革的深化，内部审计在健全组织内部控制，促进加强管理，提高经济效益等方面发挥着越来越重要的作用。而随着内部审计工作的不断深化和影响的不断扩大，内部审计质量也越来越成为影响内部审计事业生存与发展的重大问题。它不但能够降低内部审计风险，提高审计工作水平和效率，而且能有效地保证组织方针、政策和目标的实现，因此，提高内部审计质量势在必行。内部审计质量控制旨在规范审计行为，明确审计责任，确保内部审计质量符合内部审计准则的要求，它是内部审计机关和内部审计人员对自身活动进行控制的标准，贯穿于审计实施程序的各个阶段。

一、内部审计质量控制的重要性和目标

（一）内部审计质量控制的重要性
内部审计监督和评价作用的发挥程度取决于内部审计工作质量的优劣，而要

有满意的内部审计工作质量，就必须对内部审计工作的整个过程实行质量控制。内部审计质量控制对于防范审计风险，保证审计工作效果，促进审计人员提高职业水平和业务能力，充分发挥内部审计的功能作用有着重要的现实意义。

1. 内部审计质量控制是提高内部审计质量的保证

质量低下的内部审计工作不能发挥其应有的功能与作用。只有不断提高内部审计工作质量才能真正实现内部审计的目标。通过加强内部审计质量控制这项管理工作，可以控制一些影响内部审计质量提高的不良因素的发生或形成；对一些已发生或形成的影响内部审计质量的因素，则通过内部审计质量控制工作可以及早发现，并加以控制和消除，从而达到提高内部审计质量的目的。

2. 内部审计质量控制是提高内部审计效益的需要

内部审计工作与其他各项经济工作一样，都要讲究经济效益。内部审计效益体现在以较小的审计投入取得较大的审计效果，在较短的时间内取得满意的审计效果。内部审计质量控制就是以不断提高内部审计效益和效率为目的的，即提高内部审计效益和效率有赖于搞好内部审计质量控制工作。

3. 内部审计质量控制是内部审计不断发展和完善的需要

任何事物的发展和完善，都是在不断提高其质量的前提下实现的，内部审计也不例外。在我国建立社会主义市场经济体制，推行现代企业制度的今天，需要不断发展和完善企业内部审计。而发展和完善企业内部审计，又必须不断提高其质量，加强其质量控制，二者是相辅相成、不可分割的。

（二）内部审计质量控制目标

根据中国内部审计协会颁布的《内部审计具体准则第 2306 号——内部审计质量控制》，内部审计质量控制的目标包括以下内容。

1. 保证内部审计活动遵循内部审计准则和本组织内部审计工作手册的要求。
2. 保证内部审计活动的效率和效果达到既定要求。
3. 保证内部审计活动能够增加组织的价值，促进组织实现目标。

二、内部审计质量控制的范围和措施

内部审计质量控制分为内部审计机构质量控制和内部审计项目质量控制。内部审计质量评价与改进程序应该充分详尽，涵盖内部审计活动运行与管理的各个方面。鉴于此，内部审计质量评价与改进程序的安排应当使专业能力达到最佳水平，质量检查应该在可能的范围内，独立于被检查的职能或活动。机构和项目质量控制应该分别考虑以下因素。

（一）机构质量控制需要考虑的因素和实施的措施

内部审计机构负责人对内部审计机构质量负责。内部审计机构质量控制需要考虑下列因素。

1. 内部审计机构的组织形式及授权状况。
2. 内部审计人员的素质与专业结构。
3. 内部审计业务的范围与特点。
4. 成本效益原则的要求。
5. 其他。

内部审计机构质量控制应实施的主要措施包括以下内容。

1. 确保内部审计人员遵守职业道德规范。
2. 保持并不断提升内部审计人员的专业胜任能力。
3. 依据内部审计准则制定内部审计工作手册。
4. 编制年度审计计划及项目审计方案。
5. 合理配置内部审计资源。
6. 建立审计项目督导和复核机制。
7. 开展审计质量评估。
8. 评估审计报告的使用效果。
9. 对审计质量进行考核与评价。

（二）项目质量控制需要考虑的因素和实施的措施

内部审计项目负责人对审计项目质量负责。内部审计项目质量控制应当考虑下列因素。

1. 审计项目的性质及复杂程度。
2. 参与项目审计的内部审计人员的专业胜任能力。
3. 其他。

内部审计项目质量控制应实施的主要措施包括以下内容。

1. 指导内部审计人员执行项目审计方案。
2. 监督审计实施过程。
3. 检查已实施的审计工作。

三、内部审计质量标准

内部审计质量包括内部审计工作质量和内部审计结果质量。内部审计工作质量是基础，它决定了内部审计结果质量，内部审计结果质量又体现了内部审计工作质量。

内部审计工作质量标准就是内部审计规范体系，如国际内部审计师协会的《内部审计职业道德规范》《国际内部审计专业实务标准》，我国的《内部审计准则》《内部审计师道德规范》等。对内部审计工作质量的评价标准就是看内部审计机构组织工作、开展项目是否严格按照这些规范进行。

国际方面的内部审计质量标准以国际内部审计师协会发布的标准为例，其《国际内部审计专业实务标准》中的1300系列属性标准，即质量保证与改进程序规定，首席审计执行官必须建立并维护涵盖内部审计活动所有方面的质量保证与改进方案。设计该项目要有助于内部审计活动增加价值、改善机构的经营状况，并确保内部审计活动遵循《国际内部审计专业实务标准》与《内部审计师职业道德规范》。该系列标准的其他质量项目标准有：1310——质量保证与改进程序的要求；1311——内部评估；1312——外部评估；1320——对质量保证与改进程序的报告，首席审计执行官必须向高级管理层和董事会报告质量保证与改进程序的结果；1321——对遵循《国际内部审计专业实务标准》的应用；1322——对不遵循情况的披露，若不遵循"内部审计定义"、《内部审计人员职业道德规范》和《中国内部审计准则》的情况影响到内部审计活动的总体工作范围或运营情况，则首席审计执行官必须向高级管理层和董事会披露这些不遵循情况。在其实施标准（实务公告）中，对以上属性标准的具体应用做了说明。内部审计的内部评估应每年一次，外部评估每五年进行一次，外部评估的当年可以不进行内部评估。

我国的内部审计质量标准以中国内部审计协会颁布的内部审计质量标准为例，其《内部审计具体准则第2306号——内部审计质量控制》于2014年1月1日开始实施，该准则分为五章，包括总则、一般原则、内部审计机构质量控制、内部审计项目质量控制和附则。

第二节　内部审计质量评估办法

为了规范内部审计质量评估工作，提高内部审计工作质量，推动内部审计的职业化发展，根据《第1101号——内部审计基本准则》的内容规定，中国内部审计协会于 2014 年 8 月发布了《内部审计质量评估办法》，自 2014 年 9 月 1 日起施行。

根据这一办法，内部审计质量评估，是指由具备专业胜任能力的人员，以内部审计准则、内部审计人员职业道德规范为标准，同时参考风险管理、内部控制等方面的法律法规，对组织的内部审计工作进行独立检查和客观评价的活动。其目标是帮助组织改善内部审计环境，提升内部审计水平，防范内部审计风险，增强内部审计的有效性，促进内部审计的规范化和制度化建设。企业应当建立内部审计质量评估制度，定期开展内部审计质量评估工作。

内部审计质量评估包括内部评估和外部评估两种形式，由企业根据情况选择实施。其内容主要包括以下方面：内部审计准则和内部审计人员职业道德规范的遵循情况；内部审计组织结构及运行机制的合理性、健全性；内部审计人员配置及专业胜任能力；内部审计业务开展及项目管理的规范程度；各利益相关方对内部审计的认可程度和满意程度；内部审计增加组织价值、改善组织运营的情况。

一、内部评估

内部评估是由组织内部的有关人员对内部审计管理和实施情况进行检查和评价的活动。内部审计、人力资源、内控合规、风险管理等部门中了解和熟悉内部审计工作的人员都可以参与内部评估。内部评估的优点是评估人员来自组织内部，对组织文化及各项具体业务活动的了解较为深入。实践中，由于各个组织的内部审计活动在规模、权限、工作范围、人员技能等方面存在差异，内部评估程序可以根据不同的情况灵活运用。通常，内部审计质量评估主要通过以下方式进行：对审计业务（如审计项目质量管理等）实施日常监督；通过审计管理系统对审计项目实施情况进行实时跟踪；审计工作结束后，由被审计单位和其他利益相关方作出评价或反馈；由未参与审计项目的其他内部审计人员有选择地进行审计工作底稿互查；对利益相关方进行深入访谈和调查；对审计绩效衡量指标（如审计项目预算的控制情况、审计计划完成情况、审计建议采纳情况等）考核评估等。

企业内部审计机构负责人应按照管理层的要求，结合实际情况开展审计质量内部自我评估，其评估结果可以作为考核评估企业内部审计的工作质量及作出相关决策的依据。

二、外部评估

(一) 外部评估的内容

外部评估是由组织外部独立第三方对内部审计管理和实施情况进行检查和评价的活动。外部评估需要在经验丰富的专业人员领导下，由胜任的评估人员组成团队独立负责实施。其评估的内容主要包括：内部审计准则和内部审计人员职业道德规范的遵循情况；内部审计人员配置及专业胜任能力；内部审计业务开展及项目管理的规范程度；各利益相关方对内部审计的认可程度和满意程度；内部审计增加组织价值、改善组织运营的情况。

外部评估一般由中国内部审计协会或其认定的机构实施。这一评估模式的优点是评估的专业性和独立性能够得到有效保证，有利于对组织的内部审计活动作出更为客观的评价。外部评估在为内部审计机构负责人和内部审计机构提供有价值信息的同时，也为组织治理层、管理层和外部审计等其他利益相关方提供独立质量保证。

(二) 外部评估的频率

在确定外部评估的范围时应注意，时间范围应不少于一年，业务范围应涵盖与内部审计相关的所有活动，即包括全部确认和咨询业务。外部评估应定期进行，通常至少每五年进行一次。依据《中国内部审计准则》，如果内部审计机构的组织结构较为合理，规章制度较完善，人员素质较高，审计质量控制较为完备，或者组织内部适当管理层在近期对内部审计质量的相关内容进行过考核与评价，则外部评估的时间间隔可以适当延长。

(三) 外部评估的形式

外部评估可采用"内部评估基础上的完全外部评估"和"对内部评估的独立审定"两种形式。这两种形式都要求接受评估单位在外部评估之前参照外部评估程序在内部审计机构负责人的领导下开展并全面记录内部评估工作，这既能够充分发挥接受评估单位内部评估和自我管理的主动性和灵活性，同时又能获得评估专家对内部审计的技术监督与指导，使内部评估过程和结果的专业性、客观性和权威性得到外部确认。所不同的是："内部评估基础上的完全外部评估"是由外部评估人员对内部审计管理和实施情况进行全面的外部评估，而"对内部评估的独立审定"则是由外部评估人员对内部评估过程及结果作出审定，形成的审定结论。这种方式要求外部评估人员在实施现场测试后，单独出具独立审定报告，明确对内部评估报告的意见,并在适当的范围内,增加评估中发现的问题及建议。

采用"对内部评估的独立审定"所需的评估人员数量较少,评估时间较短,因而这种评估形式的成本较低,但由于其重点关注对《中国内部审计准则》的遵循情况,而对其他领域,如与最佳实务的对比、提供咨询意见、与高级管理层和运营管理层的访谈等较为简化,因此能够获得的信息也比较有限。

(四) 外部评估的不同实施主体

外部评估按照实施评估的主体类型可以分为外部审计人员、专家、国家、同行等。

1. 外部审计人员

由外部审计人员进行的外部评估,一般是指由外部审计事务所对企业的内部审计进行的外部检查。但这一方式存在缺陷:外部审计人员不能从内部审计从业标准的角度去检查,而是根据会计师事务所的从业标准进行检查的。考虑到这个问题,企业的高级管理层应该在外部审计人员实施内部审计质量评估之前,采取措施保证会计师事务所充分理解并采用内部审计从业标准作为其执行评估的标准。

2. 专家

不同的职业领域都有各自的专家,从专业性的角度而言,这类专家比其他检查人员更独立于内部审计部门,且其更为精通内部审计实务,因此能排除偏见。但这一方式中需要为专家评估付费,容易让专家的独立性受损。可以由高级管理层支付专家评估的费用,不从内部审计部门的预算中支出,从而增强其独立性。

3. 国家

不同于西方,中国的内部审计是社会主义审计监督体系的一个组成部分,国家审计机关将对内部审计的监管纳入自己的工作范围,通过各级审计机关开展对内部审计机构审计业务质量的检查和评估。

4. 同行

除了上述主体外,还有由其他企业的资深内部审计人员执行评估工作的方法。同行业若干企业的内部审计部门负责人可以组成一个审计组,轮流对内部审计部门进行审计。但同行评估在形式上会损害评估的独立性。严重的情况下,交叉评估检查产生的批评可能会导致报复性的评估检查结果。高级管理层认为同行评估的可信度不足,对于评估检查过程中可能导致的公司机密泄露也会保持警惕,因而评估难以有效开展。

第三节　内部审计质量评估流程

内部审计质量评估流程通常分为前期准备、现场实施和出具报告三个阶段。其中，前期准备阶段包含组建评估组、制订评估方案；现场实施阶段包含召开进点会、现场评估、汇总评估结果、召开出点会；出具报告阶段包括在现场评估结束后的一定时间内出具质量评估报告。在实践中，评估流程会因具体情况的不同而略有差别。

一、组建评估组

不论采用何种方式开展质量评估，评估实施主体确定后的首要任务是组建评估组，这是开展质量评估的初始环节和基础环节，关系到质量评估结果的客观性与专业性。因此，评估组成员不能与接受评估单位存在任何实质上或形式上的利益冲突。组建评估组包括确定评估组组长和选择评估组成员两项工作。

（一）确定评估组组长

评估组组长是质量评估工作的核心成员，负责评估工作的组织、协调、监督和指导。无论是内部评估还是外部评估，对于评估组组长的选择不仅要考虑其业务胜任能力和经验，还要考察其在项目组织方面的整体掌控能力、协调能力和沟通能力。因此，评估组组长除了具备一般评估人员应有的素质之外，还应具有大型企业事业单位内部审计负责人、社会审计组织负责人或类似的工作经历。

（二）选择评估组成员

评估人员应当具备较高的职业素质，其通常需具备以下条件。

1. 具有良好的审计职业道德，从业经历无不良记录。

2. 具有国际注册内部审计师等执业资格或高级审计师、高级会计师等专业技术职称。

3. 从事内部审计或外部审计工作六年以上，或担任过内部审计机构负责人，或从事审计相关咨询工作六年以上。

4. 深入理解《中国内部审计准则》，熟悉和了解审计流程与方法。

5. 参加过中国内部审计协会的内部审计质量评估培训。

除此之外，评估组应保证其成员中至少有一人熟悉接受评估单位所在行业或领域的相关知识或具有相关从业经验，也可利用其他领域的专家，如企业风险管理、IT审计、统计抽样或控制自我评估等方面的专家，参与评估工作的特定环节，以协助评估组开展工作。

二、制订评估方案

评估方案是整个质量评估过程中依据的重要文件。评估组应在了解和熟悉接受评估单位基本情况的基础上，按照评估标准和评估流程制订评估方案。一般情况下，评估方案可以在前期准备阶段编制完成，在现场实施过程中，可以根据实际情况对其进行调整。制订评估方案的实施要点如下。

（一）准备工作

评估组应围绕质量评估目标，充分做好制订评估方案前的准备工作。首先，应将质量评估需准备的资料清单提交给接受评估单位，以便及时收集整理相关资料。同时，初步与接受评估单位沟通评估工作的基本事项，如评估的时间安排、评估的一般性流程、拟参与本次评估的评估组成员是否与接受评估单位存在利益冲突等。这一阶段还可以有针对性地发放调查问卷，以帮助评估组获得有关内部审计活动的相关信息。

（二）制订评估方案

在详细了解接受评估单位的经营管理环境、组织架构、业务运行机制、风险管理与内部控制状况以及内部评估情况，尤其是治理层、高级管理层的工作期望和特定工作要求的基础上，评估组将结合评估目标制订评估方案，对具体评估范围、时间及资源需求等内容作出详细安排，重点考虑现场评估阶段调查问卷的发放范围和访谈时间安排。评估方案的内容主要包括评估目的、接受评估单位的基本状况、评估依据、评估标准、评估程序、评估范围及方法、评估组成员构成及分工、评估时间安排以及评估重点等。

（三）明确评估职责

完成评估方案编制后，应当以内部培训或讨论的形式使评估组成员进一步了解接受评估单位的基本情况，明确本次评估的目标、基本内容、评估方法及步骤，并按照评估方案的进度要求和任务分工，明确评估组成员的职责。

三、召开进点会

进点会是与接受评估单位的管理层、内部审计机构负责人和其他利益相关方建立正式联系的第一次正式会议。成功的进点会是双方良好合作的开端。评估组应根据评估方案的安排，与接受评估单位确定召开进点会的具体时间和内容。召开进点会的实施要点如下。

（一）初步熟悉评估环境

评估双方应相互介绍参加会议的人员，熟悉评估领域的情况，询问限制条件，对评估组不宜实地了解的区域或特殊情况，应协商做好安排。

（二）评估组组长介绍评估方案

向接受评估单位介绍此次评估工作实施的整体情况，如评估目标、评估依据、评估标准、评估程序，说明评估方法、评估范围，提示特别注意事项等。

（三）接受评估单位介绍内部评估情况

接受评估单位就以前开展过的内部评估情况，包括评估人员构成、评估所花费的时间、评估范围、评估中发现的问题及整改等情况逐一介绍。

（四）作出保密承诺

除了说明对评估过程中知悉的接受评估单位商业秘密予以保密之外，更要强调评估组将对问卷调查和访谈所获得的具体内容予以保密，但可将其汇总结果运用到评估报告中。

（五）落实后勤保障

就现场评估中评估组有关办公、后勤保障等事项与接受评估单位协商落实，并要求其指定一名协调人或成立工作组具体配合，以便评估工作顺利实施。

四、现场评估

现场评估的重点在于发现和验证。对于内部审计环境类的评估，通常采用问卷调查、访谈等评估技术获得信息和线索，并通过核对审计管理文件、审计工作报告、会议记录等相关资料予以印证；对于内部审计业务类的评估则通过抽取具有代表性的审计业务工作档案等资料，检查其程序执行是否到位、归档是否完整等。现场评估的实施要点如下。

（一）编制评估工作底稿

现场评估过程中需要编制评估工作底稿，对内部审计活动在遵循《中国内部审计准则》中做得好的方面和存在的差距加以记录。同时，还要反映出有关改进内部审计工作有效性的意见或建议。需要注意的是，不要求对接受评估单位已符合评估标准要求的每项做法予以记录。评估工作底稿应当内容完整、记录清晰、结论明确、客观形成评估结论。针对每个评估要点设计一张评估工作底稿，评估人员可以据此完成相关工作。

（二）运用问卷调查和访谈技术

问卷调查是一种客观收集接受评估单位各利益相关方对内部审计质量的观点、意见和建议的评估方法。问卷调查的使用方式较为灵活，可以在现场评估时使用，也可以将其作为评估前的调查工具。

访谈是现场评估阶段的一项重要工作，其主要是根据评估需要有选择地进行面对面的交流，深入了解接受评估单位的各方面人员对于内部审计工作的认识和理解，深化和拓展前期调查的有关结果，同时获取更详细的信息。通过访谈，可以促进评估人员与访谈对象相互熟悉和理解，使访谈对象对质量评估的目的有更充分的认识，从而认真对待，有助于形成客观的评估结果。选定访谈对象后，应当提前联系并落实访谈时间，以便相关人员做好准备。为了能在短暂的访谈时间内获得更多有价值的信息，评估人员应在访谈前针对不同的访谈对象拟定不同的访谈提纲、选择适宜的访谈场所，以保证访谈的顺利进行，并取得预期的效果。

需要注意的是，问卷调查和访谈收集的信息和线索均需要加以证实。其重点是了解情况，收集评估线索。评估人员应认真分析和整理访谈和问卷调查反馈的内容，计划并实施严谨的验证程序，确保相关信息的可信度。

（三）调阅资料

评估组进驻接受评估单位后，可根据评估关注点确定调阅内部审计章程（或同样性质的内部审计管理制度等资料）、审计工作手册等制度文件，查阅审计计划、审计工作底稿、审计报告等相关资料，同时，可以根据评估发现的情况延伸调阅审计工作底稿对应的原始凭证、会计账证、报表、会议记录和其他相关资料。

评估组应就接受评估单位所开展的每个审计业务类型，至少选取一个较近期的审计项目档案用于测试。对于已开展审计项目质量管理的组织，现场评估时可以参考日常审计监督和跟踪的结果。

评估组可以要求接受评估单位指定专人负责评估组调阅、退还资料事宜，具体办理资料的调、退手续。评估组调阅资料完毕后，应及时归还接受评估单位。通常，评估组不需复印所调阅的资料。

五、汇总评估结果

汇总评估结果是评估组组长召集评估组成员对现场评估阶段的情况逐一进行

分析、确认和汇总的行为，其主要目的是确定针对各评估要点的评估意见和建议是否准确、所打分值是否合理，同时，汇总得出评估结论，为出点会做充分准备。汇总评估结果时应注意以下几点。

（一）确认评估程序和评估方法的恰当性

确认评估程序和评估方法恰当性的目的是验证产生评估结论过程的正确性。重点是核实是否按照规定的评估程序和步骤实施评估，是否采用了合理适用的评估技术方法，以避免因为评估程序和技术方法使用不当而导致作出错误评估结论的风险。

（二）确认评估证据的准确性

确认评估证据准确性的重点是核实支持评估意见和建议的评估工作底稿、相关资料以及接受评估单位的反馈意见等是否真实、充分、可靠，据以确认评估意见和建议是否客观、合理。

（三）确认评估发现的问题与评估目标的相关性

核对评估目标、评估设定的时间和业务范围，以确认评估问题符合本次评估目标，并具有相关性。

六、召开出点会

现场评估结束后，评估组应召集接受评估单位管理层、内部审计机构负责人和其他利益相关方人员召开出点会，就评估发现的需关注事项、相关意见和建议等交换意见，确定事实是否清楚、证据是否恰当、评估结论是否客观等。

评估组组长应控制出点会的时间及会议的合作气氛，在沟通信息、达成共识的基础上，明确内部审计工作的改进方向。召开出点会的实施要点如下。

（一）介绍评估实施情况

介绍评估工作的整体开展情况，重申评估目的、评估依据、评估范围和评估方法，对接受评估单位的支持与合作表示感谢。

（二）提出评估意见和建议

向接受评估单位提出评估意见和建议及主要的评估发现，肯定接受评估单位内部审计管理的成效及特点，提出发现的需关注事项，与接受评估单位交换意见。

（三）明确后续工作

与接受评估单位就出具质量评估报告、后续跟踪事项进行沟通，以保持整个评估过程的完整，确保质量评估对组织内部审计工作切实产生促进作用。

七、出具质量评估报告

质量评估报告是在综合评估的基础上,对接受评估单位遵循《中国内部审计准则》的情况、审计管理的健全性和规范性、审计业务的效果和效率等方面发表评估意见,并提出改进建议的报告。质量评估报告应采用规范的格式,草稿通常应在现场实施结束后的十个工作日内提交给接受评估单位征求意见,待其书面反馈后的十个工作日内应出具正式报告。

第四节 内部审计质量控制的现状问题及对策

一、内部审计质量控制的现状及问题

由于内部审计服务的特性,其发挥的作用很难被社会公众、政府和立法机构所了解。我国的内部审计又深受中国特色的传统审计理论的影响,内部审计在组织内部发挥作用的程度极不平衡。随着内部审计准则的实施和国际上先进理念的引进,我国内部审计质量状况有了很大程度的改善,但对照国际上的内部审计最佳实务,审计质量和水平不高仍是影响内部审计发挥作用的一大障碍。造成这些问题的主要原因是缺乏严格的审计质量控制体系,从而造成审计行为欠规范,审计质量难以得到全面保证。

(一)内部审计机构的审计质量控制制度不健全

审计质量管理控制制度应包括审计复核制度、审计考核制度、审计责任追究等制度。其中,审计责任追究制度是核心,但往往也是现实中最薄弱的一环,有的责任追究制度泛泛而论,责任主体不明确;有的甚至根本没有建立责任追究制度;还有的有制度没有认真贯彻执行。其结果是审计人员责任意识不强,缺乏风险意识,导致行为不规范,随意而为之;一旦出现审计过错,责任无法落实到人,结果不了了之。

(二)内部审计质量控制标准执行滞后于新规范和标准

中华人民共和国审计署、中国内部审计协会颁布了一系列的法律法规和行为准则,特别是审计署的《关于内部审计工作规定》、中国内部审计协会的《内部审计基本准则》《内部审计人员职业道德规范》和具体准则的实施，结束了内部审计参照政府审计、社会审计的历史，使内部审计有了公认的目标、作业标准和质量标准。但是，目前一些内部审计机构和人员对审计法规的变化反映滞后，在实际工作中仍参照政府审计或社会审计，没有及时作出调整。

（三）内审人员总体素质不高，质量风险意识淡薄，知识结构不完整丰富

首先，从审计人员知识结构来看，现有内审人员中一般财务审计的人员多，而掌握现代管理知识、科技知识，具有一定综合分析能力的复合型人才比较少，整体上应对复杂审计工作局面的能力比较弱。其次，审计人员的开拓创新意识相对较弱，宏观意识和现代审计意识不够强。一些审计机关的领导，在工作上、思维上的一些惯性还比较强，审计工作中"满足现状、四平八稳、不思进取、但求无过"的思想还比较突出。有的人传统财务审计的观念比较浓，认为审计就是查账，查账的目的就是处罚；有的人思维方式单一，习惯于单纯的会计思维，多层次、多视角地透视问题的能力不强，综合分析能力较差。

（四）内部审计的技术和手段落后，不能适应会计核算电算化的发展

信息技术的快速发展和广泛应用，给人们的传统生活方式和工作方式带来了猛烈的冲击。电子商务的推广和运用，使企业内部控制发生了改变。人工控制改变为计算机程序控制，纸质信息改变为电子信息等，使传统的审计方法已不再适应内部审计工作的需要。

二、提高内部审计质量的具体对策

（一）建立健全内部审计质量控制机构和控制制度

首先，建立健全内部审计质量控制的机构，这是内部审计质量控制的主体，可以根据企业实际情况来设置一个健全有效的组织机构来进行内部审计质量控制。该机构是内审机构中的一个职能部门，在内审机构中可以设置专门的内部审计质量控制人员。该质量控制机构与内部审计的其他分支机构紧密相连和相互制约，在实际工作中共同完成质量控制的任务。其次，建立健全内部审计质量控制制度，这是加强内部审计质量控制，提高内部审计质量的保证。具体来说，应该建立健全内部审计的内部控制制度、监督检查制度、内部审计质量的考评制度和质量控制的责任制度等。

（二）提高内部审计业务质量控制的执行标准

工作中要进一步完善和认真履行《关于内部审计工作规定》《内部审计准

则》的具体规范，建立健全内审制度和质量管理制度。首先，在审计之前必须编制审计计划和审计方案。其次，在审计过程中要通过审核、观察、监盘、询问、函证、计算分析、复核等审计程序，获取足以证实审计事项的审计证据。最后，在审计结束后，以经过核实的审计证据为依据，形成审计结论与建议，出具审计报告。审计报告应当客观、完整、清晰、及时，具有建议性并体现重要性的原则。

(三) 建立责任心强、业务素质好、具有良好职业道德的复合型内审队伍

在内部审计质量的各种因素中，"人"始终是最重要的因素。需要从以下几个方面来提高内审人员素质：一是通过继续教育学习，使内审人员不断了解新情况，掌握审计的先进方法，不断适应发展中的经济形势变化；二是组织人员学习法律法规和经济政策以及内审工作法规制度，依法进行审计；三是深入调查研究，获取充分、相关、可靠的审计证据，为作出正确的审计报告提供充分支撑；四是鼓励内审人员掌握与人交流的技能，讲究审计方法，提高审计效率。

(四) 内部审计更应注重引入现代审计技术和方法，提升工作效率

随着信息时代科学技术日新月异的发展，目前需要大力推广现代审计技术和方法，供内部审计部门借鉴与使用。计算机辅助审计软件，能较好地满足审计工作中对数据采集、计算、查询、排序、筛选、判断、分析等的要求，可以提高审计的电算化水平。审计方法也应由传统的检查报表、账册、凭证的技术，向利用统计抽样、数理统计、数学模型、投资分析、流程设计等数字加工技术方法发展，灵活多样，适应审计对象发展的需要，提高审计工作的效率和质量。

加强内部审计质量控制是世界各国审计发展的共同趋势。只有加强内部审计质量控制，才能适应这一发展趋势，有利于我国审计事业与国际力量接轨。

风险评估

第一节 企业风险简述

一、风险简述

风险是一个古老的话题,古往今来,人们对风险有着多种多样的理解。然而到目前为止,理论界对风险的概念尚无一种公认的权威性定义。我国一些学者把风险看作在特定情况下、在特定期间内某一事件的预期结果与实际结果之间的变动程度,变动程度越大,风险越大;反之,变动程度越小,风险则越小。在一些经济学教科书中,一些学者又把风险与不确定性直接联系起来,认为不确定的程度越大,风险越大;反之,不确定的程度越小,风险就越小。由此,风险可以通过概率的方法进行测量,可以采用期望值、标准差或标准离差率来表示。

尽管人们对风险进行了多种角度的界定,但风险的两个基本特征却表现得非常明显,即不确定性与造成损失的可能性。风险与不确定性两者联系十分紧密,但又属于不同的范畴。不确定性是指人们对未来事项结果所持的怀疑态度。一般而言,不确定性由人类认识能力的局限性所导致。风险是一种客观存在,但客观世界的复杂性使人们难以准确预测风险的发生,从这一方面看,风险具有不确定性,即风险的存在是客观的,风险的发生是不确定的。然而,并不是所有不确定事项都存在风险。因为风险必须和损失相联系，只有那些可能导致损失的不确定事项才存在风险。如果我们面临的事项既可能导致损失，又可能带来收益，而采取措施的结果只会带来收益，在这种情况下，即便选择结果具有很强的不确定性，仍然不能说存在风险，从这一方面讲，应将风险界定为可能带来损失的不确定性。

风险的不确定性又分为主观的不确定性与客观的不确定性。主观的不确定性是指对客观事物运行规律认识的不完全确定，一时还无法操纵和控制其运作过程。主观的不确定性同个人的知识、经验、精神和心理状态有关，不同的人面对相同的客观风险时会有不同的主观不确定性。客观的不确定性指事物结果的不确定性。人们不能完全得到所设计和希望的结局，而且常常会出现不必要或意想不到的损失。客观的不确定性可以用统计工具加以度量。

二、风险的含义

（一）不确定性

风险的本质及核心是具有不确定性。风险是否发生、发生的程度如何，发生风险的具体时间、地点、对象，以及造成的后果等，是人们难以事先准确预测的。

（二）存在性

风险是以潜在危机形式存在的可能性，而不是已经存在的客观结果或既定事实。客观事实潜在损失越大，其隐含的风险就越大。

（三）可测量性

风险是可以测定的不确定性。无论是当前还是未来的风险，都存在一定的统计规律，风险会在一定范围、一定时期以一定的形式出现，且风险出现的概率总是在 0~1 之间波动。损失的概率越接近于 1，风险发生的可能性就越大；反之，损失的概率越接近于 0，风险发生的可能性就越小。

（四）客观性

风险是客观存在的。风险是不以人们的意志为转移的，人们只能改变风险存在和发生的现代企业内部控制学条件，降低其发生的频率，减少损失，但不能完全消除风险。

（五）普遍性

风险是普遍存在的。社会生活方方面面、时时刻刻都存在风险。

三、企业风险控制目标

企业应当根据设定的控制目标，全面、系统、持续地收集相关信息，结合实际情况，及时进行风险评估。因此，风险控制目标的设定，是风险识别、分析及应对的前提，便于企业有的放矢地进行全过程的风险管控。

企业开展全面风险管理，应结合实际情况，设定自身的风险控制管理目标。

第一，建立健全企业全面风险管理体系，不断提升企业风险识别、评估、应对和监控能力。

第二，确保将风险控制在与总体目标相适应并可承受的范围内。

第三，确保内外部，尤其是企业与股东之间实现真实、可靠的信息沟通，包括编制和提供真实、可靠的财务报告。

第四，确保遵守有关法律法规。

第五，确保企业有关规章制度和为实现经营目标而采取的重大措施的贯彻执行，保障经营管理的有效性，提高经营活动的效率和效果，降低实现经营目标的不确定性。

第六，确保企业建立针对各项重大风险的危机处理计划，保护企业不因灾害性风险或人为失误而遭受重大损失。

第七，建立健全应急预警和报告体系，完善突发事件和危机处理机制，避免发生重大损失。

第八，培育风险管理文化，提升员工的风险意识和风险应对能力。

四、企业风险管理内容

（一）风险分类

企业风险可以按照多种标准进行分类。

1. 按照发生的原因分类

按照发生的原因，风险可分为内在风险和外在风险。内在风险发生的原因涉及企业生产经营、财务活动等诸多环节，如生产管理不佳、产品质量低下、营销管理乏力、财务结构不良、资金供应不足等内部原因。外在风险又分为人为原因和自然原因，前者包括政府政策变化、战争爆发、股市突变、企业产品被人假冒、竞争对手采取不正当竞争手段等人为因素造成的损失；后者包括台风、地震等自然灾害给企业带来的损失。

2. 按照企业经营管理分类

按照企业经营管理，风险可分为战略风险、财务风险、市场风险、运营风险、法律风险等。这种划分在企业风险管理中具有重要意义。

3. 按照性质分类

按照性质，风险可分为纯粹风险和投机风险。

纯粹风险是指那些只有损失机会而无获利可能的风险。纯粹风险一旦发生，对当事人而言必有损失形成。例如，火灾、沉船等事故发生，则只有受害者的财产损失和人身伤亡，而无任何利益可言。

投机风险是指那些既有损失可能也有获利机会的风险。例如，市场行情变化，对此企业造成损失，对彼企业则可能是有利的；对某企业而言，市场的此种变化将招致损失，而彼种变化则可能带来好处。

4. 按风险承受度分类

风险承受度是指企业能承担多大风险程度的能力和限度，也就是经过综合衡量确定的对风险的承载力，包括整体风险承受能力和业务层面的可接受风险水平。按风险承受度风险可分为可承受风险与不可承受风险。

可承受风险是指在衡量企业综合实力的基础上，企业自身能够承担且处于最大损失限度之内的风险。

不可承受风险是指在衡量企业综合实力的基础上，超过了企业最大损失限度的风险。

企业所有风险一般都会表现在财务报表和财务运行上。企业在其经营过程中要随时考虑财务风险。因此，对风险的评估与防范成为现代企业内部控制的重要内容。

（二）主要风险

一般而言，企业经营管理中的风险主要包含战略风险、财务风险、市场风险、运营风险、法律风险等内容。

1. 战略风险

战略风险是指由于战略制定和实施的流程无效、低效或不充分，而影响企业战略目标实现的风险。简单来说，战略风险是整体的、致命的、巨大的、方向性的、根本性的风险。在战略上出现风险可能导致企业整体的失败或生命周期的结束。战略风险包括以下主要风险。

(1) 运营风险

运营风险是指企业在运营过程中,由于外部环境的复杂性和变动性以及主体对环境的认知能力和适应能力的有限性,而导致运营失败或使运营活动达不到预期目标的可能性及其损失。运营风险并不是指某一种具体特定的风险,而是包含一系列具体的风险。

(2) 竞争风险

竞争风险是指在市场运行中,竞争者在争夺市场占有率、提高销售额和盈利率等方面,由不确定性因素而造成预期利益目标未能实现,导致经济利益受损的可能性。市场竞争越激烈,竞争双方所面临的风险就越大。

(3) 资产损伤风险

资产损伤风险是指战略决策失误,使对实施战略有重要影响的财务价值、知识产权或资产的自然条件退化,企业现有资源创造未来现金流的可能性降低,从而导致资产现值遭受重大损失的可能性。资产损伤风险主要有财务损伤、知识产权损伤、其他意外损伤。如果是对实施战略有重要影响的财务价值、知识产权或者是资产的自然条件发生退化,资产损失就变成一种战略风险。

(4) 商誉风险

商誉风险是上述三个方面的综合结果,当整个企业使重要关系方丧失信心并且其价值减少时,就产生了商誉风险。特别是商誉风险中的品牌风险,品牌管控不当,则无法发挥企业品牌优势,降低客户对品牌认知度和忠诚度,甚至导致市场份额流失。

上述主要风险在产生实质性较大规模的影响时,都会变成一种战略风险。企业当出现严重的产品或流程失误时,运营风险就会转变为战略风险;如果是对实施战略有重要影响的财务价值、知识产权或者是资产的自然条件发生退化,资产损伤风险就变成一种战略风险;产品或服务与众不同的能力受损伤,竞争环境变化,竞争风险就会变成战略风险。商誉风险是上述三个方面的综合结果,当整个企业失去重要关系方的信心而使价值减少时,就产生了商誉风险。因此,各种风险往往是交织在一起,并相互转化的。

2. 财务风险

(1) 流动性风险

流动性风险是指在企业债务到期时,由于没有资金来源或必须以较高的成本筹资而导致的风险。

流动性风险包括资产流动性风险和负债流动性风险。资产流动性风险是指资产到期不能如期足额收回，进而无法满足到期负债的偿还和新的合理贷款及其他融资需要，从而给企业带来损失的风险。负债流动性风险是指企业过去筹集的资金特别是存款资金，由于内外部因素的变化而发生不规则波动，对其产生冲击并引发相关损失的风险。企业筹资能力的变化可能影响原有的筹融资安排，迫使企业被动地进行资产负债调整，造成流动性风险损失。这种情况可能迫使企业提前进入清算，使账面上的潜在损失转化为实际损失，甚至导致企业破产。流动性风险与信用风险、市场风险和操作风险相比，形成的原因更加复杂和广泛，通常被视为一种综合性风险，一旦存在管控缺陷，将导致风险扩散的严重后果。流动性风险的主要表现形式包括资本结构不合理、现金流规划不当、贷款结构不合理、股利发放决策不当。

（2）筹资管控风险

筹资管控风险是指由于筹资业务管控不当导致的风险。筹资管控风险受到借入资金与自有资金在企业资金中所占比例的影响，借入资金比例越大，风险程度随之增大。企业筹集资金的主要目的是扩大生产经营规模，提高经济效益。投资项目若不能达到预期效益，则会影响企业获利水平和偿债能力。

筹资管控风险的主要表现形式包括筹资策略不当、缺乏完整的筹资策略规划、对资金现状缺乏认识。如缺乏对公司资金现状的全面认识，筹资授权审批不当，筹资差错或舞弊，筹资调整不当或使用不合理等都属于筹资管控风险。

（3）资金管理风险

资金管理风险是指由于资金业务管控不当而导致资金损失或降低资金使用效果的风险。"现金为王"一直以来都是企业资金管理的中心理念，企业现金流量管理水平往往是决定企业存亡的关键。资金管理风险主要表现形式有以下几种。

一是筹资决策不当，可能引发资本结构不合理或无效融资，导致企业筹资成本过高或债务危机。

二是投资决策失误，可能引发盲目扩张或丧失发展机遇，导致资金链断裂或资金使用效益低下。

三是资金调度不合理、营运不畅，可能导致企业陷入财务困境或资金冗余。

四是资金活动管控不严，可能导致资金被挪用、侵占、抽逃。

资金管理业务差错或舞弊有以下两种。

一是相关人员在资金管理业务（现金、银行存款、票据、网上银行业务等）

中出现重大差错、贪污、舞弊等行为,影响企业资金安全完整。

二是发生未经适当授权的资金业务:资金业务发生未经适当授权的交易,影响企业资金安全完整。

(4) 利率、汇率风险

利率和汇率波动影响企业经营目标的实现。利率受宏观政策的影响,如美元升值、汇兑差异等,都会导致汇兑损失。

(5) 财务相关的外部风险

财务相关的外部风险是指财务在纳税等监管部门及外部财务活动中处理不当的风险,如税务风险、担保风险、金融衍生品风险等。

(6) 财务报告风险

财务报告风险是指在财务报告编制过程中人员资质、能力、技术、流程或操作不当,以及采用不恰当的会计政策、会计估计等,而导致财务报告及附注等财务披露信息不适当或不满足监管要求的风险。财务报告风险的主要表现形式为:会计政策运用不当、职责分工不明确、财务报告方案编制不当、重大会计事项处理不当、资产负债信息不准确。

3. 市场风险

(1) 竞争风险

竞争风险是指由于无法对主要竞争对手的行动进行快速、有效的应对而导致的风险。竞争风险包括未能恰当应对竞争对手、未能对竞争对手的销售行为进行监控,没有采取及时应对策略,如产品定价及价格调整不当、产品开发升级滞后,市场开发和营销策略不当、渠道控制力减弱、售后服务不当、合作伙伴选择不当等。竞争风险会使企业在市场竞争中落败于对手,从而导致企业市场份额下降或流失重要客户。

(2) 价格风险

价格风险是指由于价格波动导致的风险。商品价格波动如汇率走势、地缘政治、金融衍生品、金融市场趋势估计错误等都属于价格风险,其会影响企业实现经营目标。

(3) 信用风险

信用风险是指主要客户、主要供应商不恪守商业信用,给企业造成损失的风险,主要包括以下两种类型。

一是企业主要客户不恪守商业信用,如未按约定时间、方式支付款项、接收产品、服务等，导致企业资产损失。

二是对业务伙伴的授信不合理，如对业务伙伴授信限额、期限与业务性质及盈利水平不匹配，或对业务伙伴授信额度过度集中和分散，或对业务伙伴授信额度没有及时根据其状况的变化进行调整等，导致对外授信业务不稳定、主要业务伙伴流失或企业资产损失。

（4）市场需求风险

市场需求风险是指由于销售市场价格或供需关系的不利波动而导致的风险。宏观经济环境波动引起购买力下降或产品或服务的使用成本提高，导致产品或服务的市场需求下降，影响企业实现销售目标。产业格局调整、产品变化等，导致相关产品或服务市场需求波动，影响企业实现经营目标。

（5）市场供应风险

市场供应风险是指由于生产材料或设备的供应价格、质量以及供需关系的不利变动甚至供应的中断而导致的风险。市场供应风险主要包括两种。

一是原材料、能源配件物资等材料或服务的供应短缺或市场价格波动，或未能发挥企业的采购优势，如取得比一般客户更优惠的供应价格，导致价格波动或供应短缺，未能及时满足采购需求或导致采购成本波动；产业格局调整及产能变化影响市场供应，导致相关产品市场供应波动。

二是市场竞争及税费调整等影响市场供应。由于市场竞争加剧、相关税费调整等，影响某些产品的市场供应，进而影响企业实现经营目标。

4. 运营风险

运营风险是指因公司日常生产运营过程的不确定性而导致损失的风险。运营风险主要包括以下风险。

（1）内部机构风险

内部机构风险即由于企业内部机构存在缺陷而导致运营效率低下的风险，其主要包括以下三种。

一是内部机构、岗位设计不科学、不健全。部门和岗位设置的职责不清晰，未实现不相容岗位分离，未明确界定涉密岗位范围，未实行关键岗位限制性要求。

二是权力制衡乏力、权力控制不当等。未能完全实施不相容职务分离，导致机构岗位设置不合理，机构重叠或缺失，岗位职责和任职条件不明，人浮于事，运营效率低下。

三是权责分配不当，职责与权力不对等。未能建立适当的权责分配考核体系和问责清单，以及明晰的授权指令，实际运行的职责权限与规定的权限不符，影响企业运营或导致运营失控。

(2) 治理结构风险

治理结构风险是指由于企业治理组织结构方面的缺陷而导致企业治理水平低下的风险，其主要包括三种。

一是治理结构未能发挥效力，未能建立科学决策、良性运行的机制或缺乏执行力，影响企业发展战略的实现，导致治理结构缺乏执行力，甚至企业经营失败。

二是决策和业务未经适当的授权，或出现权力交叉、冲突、越权或权力真空的现象，导致经营决策授权不当，决策失误、串通舞弊、运营效率低下等。

三是风险管理职能不健全，未能实现风险管控目标。

(3) 人力资源风险

人力资源风险是指人力资源与企业要求不匹配导致的风险。

一是人力资源规划不当。人力资源缺乏或过剩，人力资源的数量或技能结构不合理，影响企业发展战略的实现。

二是人员任用不当。人员任用与岗位任职需要不匹配，如缺乏相应职业资质，不具备任职资格和业务要求的能力，影响企业实现经营目标。

三是激励约束机制不合理。人力资源激励约束机制不合理、绩效考核制度不当、干部选拔机制不健全，导致员工工作积极性受挫，甚至造成人才流失、经营效率低下或关键技术、商业秘密和国家机密泄露。

四是人力资源退出机制不当。人力资源退出管理不当、离职处理不当，导致法律诉讼或企业声誉受损。

(4) HSE 风险

HSE 是健康（Health）、安全（Safety）和环境（Environment）管理体系的简称。HSE 管理体系是企业组织实施健康、安全与环境管理的组织机构将职责、做法、程序、过程和资源等要素有机地形成一个体系。在这一体系中，将这些要素通过先进、科学、系统的运行模式有机地融合在一起，相互关联、相互作用，形成动态管理体系。

HSE 风险是指在企业运营中，由于 HSE 管控不当可能导致企业经济、声誉和人身事故方面受到损害的风险。HSE 风险包括以下五种。

一是HSE管理体系不当。HSE管理体系不当或执行不当，如安全环保机构不健全，未能建立健全安全环保规章制度并及时更新，安全环保责任不落实，安全环保管理人员配备不充足等，引发安全环保事故，损害企业利益。

二是HSE意识和能力与工作任务的要求不匹配。员工HSE意识和能力与工作任务的要求不匹配，员工缺乏安全环保意识，不清楚自身岗位的安全环保职责，不具备与安全环保相关的知识和技能，相关人员未取得相应资格或取得资格后未参加相应资格的定期复审，引发安全环保事故，甚至造成财产损失、人员伤亡。

三是隐患发现治理不及时。安全和环保隐患发现、报告或治理不及时，如未定期进行设备维护、安全检查，未设立安全环保事故防范设施，未监测并及时上报环境指标，未及时落实安全环保隐患治理工作等，引发安全环保事故。

四是员工职业病或人身事故。员工生产工作环境恶劣，工作场所职业病危害因素浓度或强度超标，个体防护用品配备不规范，危险品未向员工履行告知义务，不符合国家和地方政府有关规定，导致员工患职业病或发生人身事故。

五是清洁生产和循环经济工作开展不力。未能有效减少生产的能耗、物耗以及污染物的排放，未能有效对废气、废水、废渣采取回收、利用和处置等综合治理措施，造成资源消耗、废物排放超出企业或监管机构标准，影响企业资源利用效果，导致企业利益和声誉受损或被监管机构处罚。

（5）质量管理风险

质量管理风险是指由于产品质量不合格而导致的风险。质量管理风险包括以下五种。

一是产品数质量管理风险。产品生产或储运管理流程设计不恰当或操作不当，导致发生产品数质量事故。

二是质量标准体系不健全。未建立健全包括生产设备条件、生产技术水平、原料组成、产品规格、售后服务在内的产品或服务质量标准体系，无法有效进行产品数量、质量管控，导致产品或服务出现数量、质量问题。

三是人为因素引发质量事故。未制定操作标准、员工技术培训不当、员工操作不当等人为因素，造成产品或服务质量事故发生。

四是违反国家质量标准。产品质量未达到国家有关产品质量标准，导致客户或消费者投诉、企业被监管机构处罚，企业利益受损。

五是质量纠纷处理不当。未建立健全售后服务体系，未妥善解决产品或服务质量纠纷，导致企业被监管机构处罚、诉讼失败，企业利益和声誉受损。

(6) 投资项目执行风险

投资项目执行风险是指投资项目执行不当导致的风险。投资项目执行风险包括以下五种。

一是未在投资协议中明确投资方权利。在对外投资协议中，企业作为投资方权利不具体或不明确，导致投资方投资权利或投资目的无法有效实现。

二是投资项目执行不当。未有效落实已审批的投资决策，导致项目无法实现预期收益。

三是股权投资账实不符。股权关系不清，股权权属不明，股权投资核算不正确，股权投资减值未进行及时调整，导致股权投资账实不符。

四是投资问责不当。投资问责制不当，影响投资决策的执行效率和效果。

五是投资项目退出决策或程序不当。未能根据投资目的实现情况、当前效益情况和市场前景及时作出转让、退出、清理投资项目决策，或有关退出程序不适当，如转让作价未以适当机构出具的评估报告为基础，导致企业利益受损。

(7) 其他社会责任风险

其他社会责任风险是指由于未能恰当履行社会责任而导致企业声誉下降或品牌丢失的风险。其他社会责任风险包括以下两种。

一是社会责任履行不力。未建立健全履行社会责任的体制和运行机制，未确立具有可持续性的企业发展战略，未将履行社会责任落实到生产经营的各个环节，未明确社会责任归口管理部门，未建立相关预算安排，未建立社会责任指标统计和考核体系，未依法保障员工民主权利和人身权益等，以及公益慈善管理不当等，造成社会责任履行不利，损害企业声誉。

二是社会责任危机应对不力。在出现社会责任危机时，未及时向利益相关者和媒体澄清事实真相，取得社会公众的理解和支持，损害企业声誉。

5. 法律风险

法律风险是指由于违反国家法律法规、监管要求以及相关规定而导致的风险。企业法律风险是指在法律实施过程中，由于企业外部的法律环境发生变化，或由于企业内部的各种主题未按照法律规定或合同约定行使权利、履行义务，而对企业造成负面法律后果的可能性。

从狭义上讲，法律风险主要关注企业所签署的各类合同、承诺等法律文件的有效性和可执行能力。从广义上讲，与法律风险相类似或密切相关的风险有外部合规风险和监管风险。法律风险主要包括以下主要风险。

（1）经营合规风险

经营合规风险是指由于违反国家相关法律法规、监管要求而导致企业被处罚、影响企业声誉的风险。

经营合规风险主要涵盖企业日常生产和经营管理的所有行为规范，如税务、财务管理、信息披露、招投标、生产运营、定价原则、安全环保、法律法规的及时更新等方面，如果相关行为不当，则会导致企业违法。

（2）侵权风险

侵权风险是指由于企业侵犯知识产权或侵犯其他权利而导致法律纠纷的风险。侵权风险包括以下三种。

一是知识产权申请、登记、保管不当。未能及时办理知识产权申请、注册及登记手续，或知识产权保管和使用不当，导致企业知识产权被侵犯，企业利益受损。

二是技术引进不当。引进技术时未进行尽职调查或调查不当，购入技术侵权，或购入不相关专利或已失效专利，导致企业资产受损。

三是侵犯其他企业知识产权。在经营活动中侵犯其他企业知识产权，导致法律纠纷，企业利益和声誉受损。

（3）涉税风险

涉税风险是指因企业未按照国家税费的相关规定履行税费义务而导致法律、法规制裁、财务损失及声誉损害的风险。涉税风险包括以下三种。

一是税务登记违规。未按照国家税收法律法规的规定，进行税务事项登记、审批和备案，被监管机构处罚。

二是税款缴纳违规。未按照国家税收法律法规的规定缴纳税款或逃税，被监管机构处罚。

三是发票及税务资料管理违规。发票及税务资料管理违反国家税收法律法规，被监管机构处罚，或受到资产损失。

（4）不正当竞争风险

不正当竞争风险是指由于采取垄断、不公平定价及不恰当的宣传行为等非法有悖于公认商业道德的手段和方式，而导致企业违反法律的风险。不正当竞争风险包括以下三种。

一是商业贿赂风险。企业进行商业贿赂，导致企业承担法律责任，企业利益和声誉受损。

二是虚假或不当宣传。企业进行虚假或不当宣传，导致企业承担法律责任，企业利益和声誉受损。

三是恶意中伤竞争对手。捏造、散布虚假事实，损害竞争对手的商业信誉、商品声誉，导致企业承担法律责任，企业利益和声誉受损。

（5）诉讼风险

诉讼风险即企业在涉及的诉讼中准备不足，未能充分维护企业合法权益。

企业行使诉讼权利或履行诉讼义务不当，忽略及延误诉讼时效，不能充分提供证据等，导致企业在诉讼中处于不利地位，不能充分维护企业的合法权益。

第二节　企业的风险识别

风险识别是风险管理的第一步，也是风险管理的基础。只有正确识别自身所面临的风险，人们才能够主动选择适当有效的方法进行处理。

一、风险识别的含义

风险识别是指对尚未发生的、潜在的以及客观存在的各种风险进行系统、连续的预测、识别、推断和归纳，并分析产生风险的原因和发展过程。风险识别是风险评估的第一步，也是最为重要的过程。

（一）企业识别内部风险应关注的因素

企业识别内部风险，应当关注的要素有以下六点。

1. 董事、监事、经理及其他高级管理人员的职业操守、员工专业胜任能力等人力资源因素。

2. 组织机构、经营方式、资产管理、业务流程等管理因素。

3. 研究开发、技术投入、信息技术运用等自主创新因素。

4. 财务状况、经营成果、现金流量等财务因素。

5. 营运安全、员工健康、环境保护等安全环保因素。

6. 其他有关内部风险因素。

（二）企业识别外部风险关注的因素

企业识别外部风险，应当关注的要素有以下六点。

1. 经济形势、产业政策、融资环境、市场竞争、资源供给等经济因素。
2. 法律法规、监管要求等法律因素。
3. 安全稳定、文化传统、社会信用、教育水平、消费者行为等社会因素。
4. 技术进步、工艺改进等科学技术因素。
5. 自然灾害、环境状况等自然环境因素。
6. 其他有关外部风险因素。

企业应制定发展目标和发展战略。各层级企业应根据发展目标和发展战略，分解制定年度生产经营管理目标，从战略风险、财务风险、市场风险、运营风险、法律风险等层面以及上述内外部风险的具体方面来识别影响目标实现的相关风险。

二、企业风险识别的基本内容

风险评估的目的在于正确发现及识别风险，进行分析与评估，有效地控制风险。企业通过识别出来的具体风险，加以基础性的分析工作，对企业在目标的完成中，如何规避或降低当前和未来所面临的潜在风险加以判断、归类，并对风险性质进行鉴定。

（一）风险识别的基本内容是感知和识别风险

感知风险是通过调查了解，识别风险的存在；识别风险是通过分析风险产生的原因、条件，并鉴别风险的性质，为采取风险处理措施提供依据。另外，风险识别不仅要识别所面临的较明显风险，更重要也是最困难的是识别各种潜在的风险。

（二）风险识别的动态性

由于风险具有可变性，因此，风险识别工作应该连续、系统地进行，成为一项持续性、制度化的工作。

（三）风险识别是风险管理过程中最基本和最重要的程序

风险识别工作是否扎实，直接影响到整个风险管理工作的最终效果。

三、企业风险识别的基础

企业通常要从以下几个方面识别自身存在的风险。

（一）环境风险

环境风险是指由于外部环境意外变化影响企业制订的生产经营计划，从而导致的经济风险。引起环境风险的因素包括以下五种。

1. 国家宏观经济政策及政治与法制等变化，使企业受到意外的风险损失。

2. 企业的生产经营活动与外部环境的要求相违背而受到的制裁风险。这里所指的生产经营活动包括企业活动性质、生产经营方式、生产经营过程等，其中生产经营方式决定了风险识别的渠道和方法。

3. 社会文化、道德风俗习惯的改变，使企业的生产经营活动受阻，从而导致企业经营困难。

4. 暴雨、火灾等自然变化不可避免地给企业带来不同程度的损失，而自然灾害也是最基本的风险来源。

5. 其他导致环境风险的因素。

（二）市场风险

市场风险是指市场结构发生意外变化，使企业无法按既定策略完成经营目标而带来的经济风险。导致市场风险的因素有以下四种。

1. 企业对市场需求预测失误，不能准确地把握消费者偏好的变化。

2. 竞争格局出现新的变化，如新竞争者进入引发的企业风险等。

3. 市场供求关系发生变化。

4. 其他导致市场风险的因素。

（三）技术风险

技术风险是指企业在技术创新的过程中，由于遇到技术、商业或者市场等因素的意外变化而导致的创新失败风险。导致技术风险的因素有以下四种。

1. 技术工艺发生根本性的改进。

2. 出现了新的替代技术或产品。

3. 技术无法有效地商业化。

4. 其他导致技术风险的因素。

（四）生产风险

生产风险是指企业生产无法按预定成本完成生产计划而产生的风险。导致生产风险的因素有以下三种。

1. 生产过程发生意外中断。

2. 生产计划失误，造成生产过程紊乱。

3. 其他导致生产风险的因素。

（五）财务风险

财务风险是指由于企业收支状况发生意外变动，给企业财务造成困难而引发的风险。导致财务风险的因素有以下五种。

1. 筹融资风险。
2. 资金链断裂。
3. 财务报告虚假。
4. 企业的资金、财务管理混乱。
5. 其他导致财务风险的因素。

(六) 人事风险

人事风险是指涉及企业人事管理方面的风险。导致人事风险的因素有以下四种。

1. 企业高、中层及员工不遵守职业操守。
2. 部分员工不认同企业文化。
3. 没有良好的企业激励机制。
4. 其他导致人事风险的因素。

四、企业风险识别的途径与方法

(一) 风险识别途径

风险识别途径通常有两种：一是借助企业外部力量，利用外界信息、资料来识别风险；二是依靠企业自身力量，利用内部信息及数据识别风险。

一般来讲，企业为了有效地识别所面临的潜在风险，需要充分利用外界的风险信息资料。风险信息资料可以从各种信息网络、情报资料中获得，但企业获得的风险信息资料通常由保险公司及相关的咨询机构和学术团体提供。

(二) 风险识别方法

风险识别的目的并不是罗列每个可能存在的风险，而是识别那些可能对运营产生影响的风险。因此，在具体识别风险时，需要综合利用一些专门技术和工具，以保证高效率地识别风险并不发生遗漏。风险识别方法包括现场调查分析法、风险清单分析法、德尔菲技术法、财务报表分析法、流程图分析法、事故树分析法等。

由于自身情况的特殊性，企业可以针对内部特有状况，自行设计风险识别方法。目前较多企业采用风险清单分析法以及若干种方法相结合的方式进行风险识别。企业可通过建立风险清单，收集企业及国内外同行业的风险信息；通过分类整理和分析汇总，定期对风险清单进行完善和更新。

1. 现场调查分析法

现场调查分析法是指风险管理部门、保险部门、有关咨询机构、研究机构等机构的工作人员，就风险管理单位可能面临的损失，深入相关现场进行详尽的调查，并出具调查报告。

2. 风险清单分析法

风险清单分析法又称为检查表法，是指企业根据专业人员设计的较为全面的风险损失清单，来排查企业可能面临的风险。风险清单列示的内容是此前已经存在的、较为普遍的基本风险。由于所列示的是企业基本的风险项目，因此，风险清单通常内容繁多，企业可根据风险的成因采取分部门、分单位、分关键岗位等方法来制定恰当的风险识别清单，以供风险管理人员使用。

企业风险管理人员，应参照风险清单逐一检查，预见企业可能面临的各种风险，使用者只需要对照清单上列示的项目关注风险、分析风险，并视风险事故可能造成危害的程度，确定风险管理的先后顺序，采取不同措施。

目前我国较多企业在风险管理上采用风险清单分析法。

3. 德尔菲技术法

德尔菲技术法又称为专家意见法，是基于专家的知识、经验和直觉，发现潜在风险的分析方法。企业组织多位专家在风险识别时，就相关风险进行反复咨询及意见反馈，最终达成比较一致的主要风险识别意见，并以此来确定企业的相关风险。采用该方法时，风险管理专家通常以匿名方式参与此项活动，往往通过问卷等方式征询专家对相关风险的见解，并在专家中反复咨询反馈，请他们进一步发表意见。此项过程进行若干轮之后，就不难得出对主要风险的一致看法。德尔菲技术法有助于减少数据中的偏差，并防止任何个人对分析结果产生过大的影响。

4. 财务报表分析法

通过分析资产负债表等财务报表和相关的支持性文件，风险管理人员可以识别出风险管理单位的财产风险、责任风险和人力资本风险等。需要分析的财务报表主要包括资产负债表、利润及利润分配表和现金流量表三大财务报表。通过水平分析、趋势分析、比率分析等方法，从财务角度发现企业面临的风险。

5. 流程图分析法

流程图分析法是指将风险主体按照生产经营的过程、活动内在的逻辑联系绘成流程图，针对流程中的关键环节和薄弱环节调查风险、识别风险的办法。一般来说，风险主体的经营规模越大，生产工艺越复杂，流程图分析法就越具有优势。

6. 事故树分析法

事故树分析法是指从某一事故出发，运用逻辑推理的方法寻找引发事故的原因，即从结果推导出引发风险事故原因的方法。这是我国国家标准局规定的事故分析方法之一。任何一个事故的发生，必定是一系列事件按时间顺序相继出现的结果，前一事件的出现是随后事件发生的条件，在事件发展过程中，每一事件都有两种可能的状态，即成功和失败。

第三节　企业的风险评估

根据《企业内部控制基本规范》《中央企业全面风险管理指引》等规定，企业的风险管理意识不断强化，并将风险管理嵌入日常的运营中，使管理者能够有效地应对不确定性带来的风险，增进企业稳健运行、创造价值的能力。

一、风险评估简述

风险评估是指通过风险识别，对可能存在的潜在风险进行估计、分析和评价，进一步及时发现各类风险，深入分析风险成因和管理现状，明确风险管理重点的过程。风险评估是风险管理的重要环节，是风险应对的前提和基础。风险评估的目的是在识别风险的基础上，进行分析与评估，从而有效地控制风险。

企业在进行风险评估的过程中，应考虑潜在事项影响目标实现的程度。可以从两个角度——可能性和影响——对事项进行评估，并且通常采用定性和定量相结合的方法，从个别或分类整体考虑主体中潜在事项的正面和负面影响。

通过考虑风险的可能性和影响，来对其加以分析评估，并以此作为决定风险管理方式的依据。风险评估应立足于固有风险和剩余风险。

固有风险是指企业在没有采取任何措施来改变风险可能性或影响的情况下，所面临的风险。

剩余风险是指在企业实施了风险应对措施之后所剩余的风险。一旦风险应对措施已经就绪，企业就应更加关注剩余风险。

二、企业风险衡量的内容与程序

风险衡量是指对企业某一特定风险的性质、发生的可能性及可能造成的损失进行的估算与测量。风险衡量是风险管理中最重要的部分，也是难度最大的部分。

（一）风险衡量的内容

风险衡量中的重要内容是风险估计，即运用概率统计方法，对风险事件的发生及其后果加以估计，从而给出一个较为准确的概率水平。即在进行风险分析时，风险衡量包括对风险事件发生频率的衡量和对损失严重程度的衡量。

（二）风险衡量的程序

首先，风险衡量要确定风险事件在确定的时间内，比如一年、一个月或者一周内发生的可能性，即频率大小。估计这些风险事件会造成何种程度的损失后果，即损失的严重性。其次，根据风险事件发生的数量和损失严重程度，估计总损失额。最后，风险管理者应预测这些风险事件的发生次数、损失严重程度及总损失额度等，以便为决策者提供资料。

三、企业损失频率与程度衡量

（一）损失频率衡量

损失频率是指一定时期内损失可能发生的次数。对损失频率的测定可以估算某一风险单位因为某种损失原因而受损的概率，比如一幢建筑物因为火灾受损的概率，也可以估算几幢建筑物因为火灾受损的概率。

损失频率衡量的具体方法有定性分级和概率测算两种。定性分级是风险管理者根据自己对风险的观念，将风险事件按照发生的可能性分级；概率测算是根据统计资料，应用概率统计方法进行计算。定性分级不够精确，但具有不必依赖有关风险高标准信息的优点。

企业在分析损失发生的频率时，如果能够掌握较为充分的信息，那么各种潜在损失发生的概率就较容易准确计算。损失概率越大，出现损失的可能性就越大。确定潜在损失发生的概率对风险管理决策的制定意义重大。通常，损失的频率比损失的严重程度更具有可预测性。尤其是对于一些大公司来说，由于风险标的集中，因此，对风险事件的预测较为准确。但是，对于一般企业来说，要准确预测损失频率是比较困难的，因为大多数严重的损失并非天天发生，并且单个企

业的风险标的也很难多到足以准确地预测损失发生的频率。

（二）损失程度衡量

损失程度衡量是企业风险衡量中最重要的部分。损失程度是指每次损失可能的规模，即损失金额大小。损失程度衡量实际上就是对损失的严重性进行估算，企业在确定损失程度时，必须考虑每一特定风险可能造成的各类损失及其对企业财务及总体经营的最终影响，既要评估潜在的直接损失，也要估计潜在的间接损失。

企业应当注意，损失程度不仅与损失类型有关，而且与遭受损失的风险单位个数有关。涉及同一风险的单位越多，则该风险的潜在损失越大，尤其是在各单位发生损失的事件不独立时，更是如此。此外，也应当考虑损失金额的时间效应。比如，持续10年的每年10 000元的损失不比立即发生一次10万元的损失严重，因为货币具有时间价值。

估计潜在损失程度的最重要途径或方法是，估计一个单位在每次风险事件中的最大可信损失及最大可能损失。前者指估计在通常情况下可能遭受的最大损失额；后者指一个风险单位发生一次风险事件时在最不利的情况下可能遭受的最大损失。比如，某企业有一套价值100万元的设备，那么发生一次风险事件时，就该设备而言的最大可能损失是100万元。因为在企业存续期内，该设备的最坏情况是全部损毁。另外，如果某风险管理者估计该设备在5年内会有一次金额接近50万元的损失，则该风险管理者预计的最大可信损失是50万元。最大可能损失金额比最大可信损失金额大，但前者发生的机会比后者要小。在两种衡量途径或方法中，最大可信损失较难估计，不同的风险管理者对可能损失价值的看法常常会有所不同，但它用处最大。

衡量损失程度的另一种方法是，估计一年内由单一风险事件造成的损失额和多种风险事件造成的损失额总和，即最大可能年总损失金额&这种损失或成因于单一风险，或成因于多种风险，是面临风险的一个或多个单位在一年内可能遭受的最大总损失量。这种方法与上述方法的相同点是损失数量在很大程度上取决于风险管理者选择的概率水平，不同点在于损失的严重程度也许是由多种结果造成的。

以上对损失发生频率和损失程度的衡量只是从风险估计的角度分析。风险估计应该采用概率分布方法加以定量化分析。企业衡量潜在风险是为了今后能够选择适当的控制风险的方法。

四、企业风险评估的原则和步骤

(一) 风险评估目的

通过风险评估,全面、系统地梳理、识别企业面临的各类内外部风险,明确风险管理重点,培育全员风险管理意识;通过风险表现及成因分析,为制定风险应对措施提供依据。

(二) 风险评估原则

1. 全面性原则

风险评估是一项系统性工作,应贯穿决策、管理及执行全过程,覆盖企业各种业务和事项,涉及全体员工。

2. 重要性原则

风险评估工作应关注重点领域及关键业务事项,合理配置资源。

3. 时效性原则

风险评估工作应根据管理需要及时开展,第一时间为管理者提供风险信息。

4. 适用性原则

风险评估工作应充分考虑组织形式和业务特点,在企业统一框架下,结合实际制定针对性的风险评估标准,选择适当的评估方法。

(三) 风险评估基本步骤

风险评估的过程,既是对风险的衡量,也是全面风险管理的重要过程。企业在风险管理的日常操作中,应在风险识别、风险分析和风险评价三大步骤的基础上,具体细分为信息收集、风险识别、风险分析、风险评价。

1. 信息收集(建立环境)

开展风险评估之前,企业应收集内、外部环境信息,制定风险管理目标和策略,明确风险分析评价标准,可以设计"企业风险信息收集表"等相关表格来归纳各种信息,为有效开展风险评估提供依据并留有痕迹。本章后附有企业风险管理工作参考表。

(1) 收集内、外部环境信息

企业应围绕战略目标及经营管理目标,持续收集与风险相关的内外部环境信息,包括历史数据和未来预测,如国内外经济形势、相关行业领域运行态势、相关政策、法律变化等,以及各类风险案例、内部控制缺陷等运营层面信息。

（2）制定风险管理目标和策略

结合企业战略目标及经营管理目标，分析影响目标实现的各类风险。根据风险偏好及风险承受度，制定风险管理总体目标和策略。

（3）制定风险分析和评价标准

一是风险分析标准。风险分析有两个维度：风险发生的可能性和影响程度。风险发生的可能性以风险发生概率为分析标准；影响程度从财务、营运、合规、HSE、声誉五个方面进行分析。以上两个维度按照从低到高分为极低、低、中、高、极高五个级次，分别用1、2、3、4、5分表示。

二是风险评价标准。综合考虑风险偏好和风险承受度，以风险发生的可能性和影响程度为依据，确定风险评价等级。风险评价等级按重要性程度分为重大风险、重要风险和一般风险三个等级。

（4）信息收集的主要内容

第一，战略风险方面，企业应广泛收集国内外企业战略风险失控导致企业蒙受损失的案例，并至少收集以下重要信息。

①国内外宏观经济政策以及经济运行情况、本行业状况、国家产业政策。

②科技进步、技术创新的有关内容。

③市场对该企业产品或服务的需求。

④与企业战略合作伙伴的关系，未来寻求战略合作的可能性。

⑤主要客户、供应商及竞争对手的有关情况。

⑥与主要竞争对手相比，该企业实力与差距。

⑦发展战略和规划、投融资计划、年度经营目标、经营战略，以及编制这些战略、规划、计划、目标的有关依据。

⑧对外投融资流程中曾发生或易发生错误的业务流程或环节。

第二，财务风险方面，企业应广泛收集国内外企业财务风险失控导致危机的案例，有行业平均指标或先进指标的，应尽可能收集并至少收集以下重要信息。

①负债、或有负债、负债率、偿债能力。

②现金流、应收账款及其占销售收入的比重、资金周转率。

③产品存货及其占销售成本的比重、应付账款及其占购货额的比重。

④制造成本和管理费用、财务费用、营业费用。

⑤盈利能力。

⑥成本核算、资金结算和现金管理业务中曾发生或易发生错误的业务流程或

环节。

⑦与该企业相关的行业会计政策、会计估算、与国际会计制度的差异与调节，如退休金、递延税项等信息。

第三，市场风险方面，企业应广泛收集国内外企业忽视市场风险、缺乏应对措施导致企业蒙受损失的案例，并至少收集以下重要信息。

①产品或服务的价格及供需变化。

②能源、原材料、配件等物资供应的充足性、稳定性和价格变化。

③主要客户、主要供应商的信用情况。

④税收政策和利率、汇率、股票价格指数的变化。

⑤潜在竞争者、竞争者及其主要产品、替代品情况。

第四，运营风险方面，企业应至少收集与该企业、本行业相关的以下信息。

①产品结构、新产品研发。

②市场营销策略，包括产品或服务定价与销售渠道、市场营销环境状况等。

③企业组织效能、管理现状、企业文化，高、中层管理人员和重要业务流程中专业人员的知识结构、专业经验。

④期货等衍生产品业务中曾发生或易发生失误的流程和环节。

⑤质量、安全、环保、信息安全等管理中曾发生或易发生失误的业务流程或环节。

⑥因企业内、外部人员的道德风险致使企业遭受损失或业务控制系统失灵的情况。

⑦给企业造成损失的自然灾害以及除上述有关情形之外的其他纯粹风险。

⑧对现有业务流程和信息系统操作运行情况的监管、运行评价及持续改进能力。

⑨企业风险管理的现状和能力。

第五，法律风险方面，企业应广泛收集国内外企业忽视法律法规风险、缺乏应对措施导致企业蒙受损失的案例，并至少收集以下信息。

①国内外与企业相关的政治、法律环境。

②影响企业的新法律法规和政策。

③员工道德操守的遵从性。

④企业签订的重大协议和有关贸易合同。

⑤企业发生重大法律纠纷案件的情况。

⑥企业和竞争对手的知识产权情况。

2. 风险识别

风险识别是对收集的各类信息进行必要的筛选和分析，查找影响战略目标及经营管理目标实现的各类风险的过程。风险识别的基本步骤有以下几步。

（1）确定风险识别方式

根据风险评估工作需要，确定风险识别的范围、方法、参与人员及组织形式等。应重点关注以下内容。

一是风险识别人员范围。开展风险识别工作，应充分涵盖评估范围内各层级管理人员。参与风险识别的人员应具备必要的风险管理知识，熟悉相关业务。

二是风险识别方法。常用的风险识别方法主要包括现场调查分析法、德尔菲技术法、风险清单分析法等。风险识别参与人员可结合具体评估对象，灵活应用风险识别的方法。

（2）组织开展风险识别

参与风险识别的人员，应按照有关要求，在筛选和分析各类信息的基础上，识别影响战略目标及经营管理目标实现的各类风险。

（3）风险识别结果

企业应对识别出来的各类风险进行整理汇总，同时建立健全风险案例表、风险数据库等相关案例信息，为风险的应对提供素材和实证。企业建立风险数据库主要信息应包含以下三种。

一是风险名称。采用"目标或业务+风险"的描述方式，如跨国经营风险、价格风险、税务风险等。

二是风险概述。采取"成因+影响的业务/目标"描述方式，如跨国经营风险可描述为：企业"走出去"力度加大，国际局势不稳定，跨国经营经验不足等原因，导致跨国经营风险。

三是风险描述。对风险发生的各种成因及其表现分类描述。

3. 风险分析

风险分析是指从风险发生的可能性和影响程度两方面，采用的定性、定量分析方法，参照风险分析标准，分析未来一定时期内风险发生的可能性和对目标的影响程度。

风险分析要充分借鉴历史事件，综合考虑风险成因，管理现状，风险涉及的业务领域、业务量、责任单位以及风险之间的相互关系等因素。

风险分析应把握以下要点。

(1) 风险成因分析应结合内外部风险因素，针对风险影响的具体业务和目标具体分析。

(2) 应对各类风险进行关联分析，深入剖析风险之间的自然对冲、风险发生的正负相关性等组合效应，为各类风险的组合管理提供依据。

(3) 应充分考虑风险管理现状，包括现行内控制度、专业管理制度等，分析制度设计及执行的有效性，风险管理责任落实情况等。

(4) 应充分借鉴风险案例等，为风险分析的有效性提供保障。

(5) 风险分析可采用定性与定量相结合的方法综合进行分析，如风险坐标法、敏感性分析法、压力测试法、盈亏平衡分析法等。

4. 风险评价

风险评价是根据风险评价标准，对风险分析结果进行综合评价，确定风险等级，明确风险管理重点的过程。风险评价的目的在于协助决策，这个决策是考虑风险是否需要应对以及实施应对优先顺序方面的决策。

(1) 企业风险评价的主要做法

风险评价要完成以下工作：一是检查风险分析的输出结果，并把得到的风险等级与风险准则相比较；二是决定是否需要风险应对；三是对需要实施应对措施的风险按优先次序进行排序。风险评价的结果应满足风险应对的需要，风险评价的结果要有足够的可信性、准确性、完整性，否则应做进一步的分析。当然，风险评价也可能导致除维持现有的控制措施外，不进行任何风险应对的决定，在企业经营活动中，风险评价包括以下两个基本步骤。

①初步风险评价。根据风险评价标准，评价各类风险等级，按照评价结果进行排序。

②风险评价结果确认。根据风险偏好和承受度，结合法律法规要求，对风险评价初步结果进行适当调整、确认。根据以上分析过程及结果完善风险库。

根据企业规模及业务特点，最简单的风险评价结果是仅将风险分成两种：需要处理的风险与无须处理的风险。这样的处理方式很简单，但其结果通常难以反映出风险估计时的不确定性因素。

通常企业的主要做法是将风险划分为三个等级，即不可容忍的风险、可接受的风险、介于两者之间的风险。对于不可容忍的风险，企业应重点进行风险应对；对于可接受的风险，则无须采取应对措施，保持监测即可；对于介于两者之间的风险，则是风险管理的核心任务之一，应着重考虑实施风险应对的成本与效益，并权衡机遇对目标的影响。

（2）企业风险评价的机制

在风险评价中，企业应建立健全风险评估机制，只有完善的机制才能使风险管理工作落到实处。企业风险评估应分为年度风险评估、专项风险评估和日常风险评估三类。

第一，做好企业年度风险评估。企业年度风险评估是围绕企业发展战略及年度经营管理目标，评估未来一年内影响目标实现的各类风险，确定年度风险管理重点，编制年度风险管理报告。企业年度风险评估包括以下五个主要工作步骤。

①制订风险评估工作方案。企业全面风险管理部门或内部控制部门统一制订年度风险评估工作方案，其内容主要包括年度风险评估的目标和依据、风险评估方式、参与单位及人员、风险评估标准和方法、时间安排等。

②开展风险评估。各部门或单位按照企业统一要求，结合具体评估对象，灵活采用问卷调查、现场调查、风险矩阵等方法开展风险评估。

③确定风险评估结果。企业全面风险管理部门负责汇总分析风险评估结果，通过集体讨论等形式，初步确定重大风险、重要风险及一般风险。

④制定风险管理策略和应对措施。企业全面风险管理部门组织相关单位，针对重大风险、重要风险研究制定风险管理策略和应对措施，落实风险管理责任。

⑤编制全面风险管理报告。企业全面风险管理部门负责组织编制年度全面风险管理报告，按规定程序审批后报企业高层或上级。

第二，做好专项风险评估。企业应建立重大决策和高风险业务专项风险评估机制。专项评估范围包括投资并购、金融衍生业务、重大投资项目等。企业专项风险评估包括以下五个主要工作步骤。

①确定专项风险评估范围。全面风险管理部门或内部控制部门根据管理需要，确定企业专项风险评估范围及方案。各部门及单位根据管理需要，确定本部门或单位专项风险评估范围。

②确定专项风险评估方法和分析评价标准。结合专项风险的业务特点，选择适当的风险评估方法，研究设计专项风险分析、评价标准。

③开展专项风险评估。根据专项风险涉及的业务管理目标，采用定性与定量相结合的方法，依据专项风险分析、评价标准，研究确定风险评估结果。

④编制专项风险评估报告。根据专项风险评估结果，编制专项风险评估

报告。

⑤程序性审核。纳入专项风险评估范围的事项,在提请决策层审议之前,需编制专项风险评估报告,报企业全面风险管理部门审核。

第三,做好日常风险评估。日常风险评估是根据年度风险评估结果,结合日常经营管理活动,持续收集相关风险信息,对相关风险进行动态评估,及时改进完善风险管理策略和措施。

企业应针对各类风险,分析现有管理措施是否有效。根据需要制定或完善风险管理策略和应对措施,持续开展风险监控预警,结合内外部环境变化及时调整和改进管理策略和应对措施。

第四节 企业的风险应对

在对风险进行估计、分析和评价之后,企业就要确定如何应对风险。风险应对是指企业根据自身条件和外部环境,依据发展战略、风险偏好、风险承受度、风险管理有效性标准和风险评估结果,选择风险承担、风险规避、风险转移、风险转换、风险对冲、风险补偿、风险控制等适合风险管理工具的总体策略,并确定风险管理所需人力和财力资源的配置原则,综合平衡成本与收益,针对企业存在的不同风险,采取适当的方法,确定相应应对措施并有效实施,以降低风险的过程。

一、企业风险应对策略的原则

企业应当结合不同发展阶段和业务拓展情况,持续收集与风险变化相关的信息,进行风险识别和风险分析,及时调整风险应对策略。同时综合运用风险规避、风险降低、风险分担和风险承受等策略,实现对风险的有效控制。主要原则包括以下四个方面。

(一)风险规避

风险规避是指企业对超出风险承受度的风险,通过放弃或者停止与该风险相关的业务活动以避免和减轻损失的策略。在企业生产运营中,风险规避可能包括退出一条生产线、拒绝向一个新的地区拓展市场,或者对存在或有风险的资产进行处置等，总之退出会产生风险的运营活动。

（二）风险降低

风险降低是指企业在权衡成本效益之后，准备采取适当的控制措施降低风险或者减轻损失，将风险控制在风险承受度之内的策略。风险降低包括采取措施降低风险的可能性或影响，或者同时降低两者，它涉及各种日常的经营决策。

（三）风险分担

风险分担是指企业准备借助他人力量，采取业务分包、购买保险等方式和适当的控制措施，将风险控制在风险承受度之内的策略。风险分析包括通过转移来降低风险的可能性或影响，或者分担一部分风险。常见的风险分担技术包括购买保险产品、从事避险交易或外包一项业务等。

（四）风险承受

风险承受是指企业对在风险承受度之内的风险，在权衡成本效益之后，不准备采取控制措施降低风险或者减轻损失的策略。风险承受意味着企业不采取任何措施去干预风险的可能性或影响。

二、企业风险应对的基本要求

（1）在一般情况下，对战略、财务、运营和法律风险，可采取风险承担、风险规避、风险转换、风险控制等方法。对能够通过保险、期货、对冲等金融手段进行理财的风险，可以采用风险转移、风险对冲、风险补偿等方法。

（2）企业应根据不同业务特点，统一确定风险偏好和风险承受度，即明确企业愿意承担哪些风险，企业能够承担风险的最低限度和不能超过的最高限度是多少，并据此确定风险的预警线及相应采取的对策。确定风险偏好和风险承受度，要正确认识和把握风险与收益的平衡，防止和纠正忽视风险，片面追求收益而不讲条件、范围，认为风险越大、收益越高的观念和做法；同时，也要防止单纯为规避风险而放弃发展机遇。

（3）企业应根据风险与收益相平衡的原则以及各风险在风险坐标图上的位置，进一步确定风险管理的优先顺序，明确风险管理成本的资金预算和控制风险的组织体系、人力资源、应对措施等总体安排。

（4）企业应定期总结和分析已制定的风险管理策略，确定其有效性和合理性，结合实际不断修订和完善风险管理策略。其中，应重点检查依据风险偏好、风险承受度和风险控制预警线实施的结果，并提出定性或定量的有效性标准。

三、企业风险应对的主要措施

1. 企业应根据风险管理策略,针对各类风险或每一项重大风险制订风险管理解决方案。方案一般应包括风险解决的具体目标,所需的组织领导,所涉及的管理及业务流程,所需的条件、手段等资源,风险事件发生前、中、后所采取的具体应对措施以及风险管理工具。

2. 企业制订风险管理解决的外包方案,应注重成本与收益的平衡、外包工作的质量、商业秘密的保护以及防止自身对风险解决外包产生依赖性风险等,并制定相应的预防和控制措施。

3. 企业制订风险解决的内部控制方案,应满足合规的要求,坚持经营战略与风险策略一致、风险控制与运营效率及效果相平衡的原则,针对重大风险所涉及的各管理及业务流程,制定涵盖各个环节的全流程控制措施;对其他风险所涉及的业务流程,要把关键环节作为控制点,采取相应的控制措施。

4. 企业应通过制定内部控制措施,减少或降低风险发生的概率,一般至少包括以下内容。

(1) 建立内部控制岗位授权制度。对内部控制所涉及的各岗位明确规定授权对象、条件、范围和额度等,任何组织和个人不得超越授权作出风险性决定。

(2) 建立内部控制报告制度。明确规定报告人与接受报告人,报告的时间、内容、频率、传递路线、负责处理报告的部门和人员等。

(3) 建立内部控制批准制度。对内部控制所涉及的重要事项,明确规定批准的程序、条件、范围和额度、必备文件以及有权批准的部门和人员及其相应责任。

(4) 建立内部控制责任制度。按照权利、义务和责任相统一的原则,明确规定各有关部门和业务单位、岗位、人员应负的责任和奖惩制度。

(5) 建立内部控制审计检查制度。结合内控的有关要求、方法、标准与流程,明确规定审计检查的对象、内容、方式和负责审计检查的部门等。

(6) 建立内部控制考核评价制度。具备条件的企业应把各业务单位风险管理执行情况与绩效薪酬挂钩。

(7) 建立重大风险预警制度。对重大风险进行持续不断的监测,及时发布预警信息,制订应急预案,并根据情况变化调整控制措施。

(8) 建立健全以总法律顾问制度为核心的企业法律顾问制度。大力加强企业法律风险防范机制建设,形成由企业决策层主导、企业总法律顾问牵头、企业法律顾问提供业务保障、全体员工共同参与的法律风险责任体系。完善企业重大法律纠纷案件的备案管理制度。

(9)建立重要岗位权力制衡制度,明确规定不相容职责的分离。主要包括授权批准、业务经办、会计记录、财产保管和稽核检查等职责;对内部控制所涉及的重要岗位,可设置一岗双人、双职、双责,相互制约;明确该岗位的上级部门或人员对其应采取的监督措施和应负的监督责任;将该岗位作为内部审计的重点等。

5. 企业应当按照各有关部门和业务单位的职责分工,认真组织实施风险管理解决方案,确保各项措施落实到位。

利润分配的管理

第一节 利润和利润分配的管理

企业经过筹资、投资、营运资金管理等一系列财务活动产生了收益,需要对收益分配进行相应的管理。收益分配管理是对企业收益分配主要活动及其形成财务关系的组织与调节,是企业将一定时期内所创造的经营成果合理地在企业内、外部各利益相关者之间进行有效分配的过程。

利润是指企业在一定时期内创造的剩余价值,是企业经营者为企业所有者实现的经营成果。利润分配(Appropriation of Profits)是指企业在一定时期内创造的剩余价值总额在企业内、外的利益主体之间分割的过程。

一、利润概述

(一)企业利润构成

1. 营业利润

营业利润是指企业在从事销售商品、提供劳务和让渡资产使用权等日常经营业务过程中取得的利润。其计算公式为:

营业利润=营业收入-营业成本-营业税金及附加-销售费用-管理费用-
　　　　　财务费用-资产减值损失+公允价值变动损益+投资收益

（1）营业收入

营业收入是指企业在从事销售商品、提供劳务和让渡资产使用权等日常经营业务过程中取得的收入，营业收入分为主营业务收入和其他业务收入。主营业务收入是指企业为完成其经营目标从事的经常性活动实现的收入，是企业按照营业执照上规定的主营业务内容所发生的营业收入，如工业企业制造并销售产品、商业企业销售商品、保险公司签发保单、咨询公司提供咨询服务、软件开发企业为客户开发软件、安装公司提供安装服务、商业银行对外贷款、租赁公司出租资产等实现的收入等。其他业务收入是指与企业为完成其经营目标从事的经常性活动相关的活动实现的收入。如工业企业对外销售不需用的原材料、对外转让无形资产使用权等。在缴纳增值税的企业中，营业收入是指其不含税的收入。

（2）营业成本

营业成本是指企业在从事销售商品、提供劳务和让渡资产使用权等日常经营业务过程中发生的成本。按照制造成本法，企业的产品成本核算到制造成本为止，如工业产品生产成本包括直接材料、直接人工和制造费用，而商品流通企业的商品成本就是购进商品的采购成本。在缴纳增值税的企业中，营业成本是指其不含税的成本。

（3）营业税金及附加

营业税金及附加是指由营业收入补偿的各种税金及附加费，主要包括营业税、消费税、资源税、城市维护建设税和教育费附加等。

（4）销售费用

销售费用是指企业在销售商品和材料、提供劳务的过程中发生的各种费用，包括企业在销售商品过程中发生的保险费、包装费、展览费和广告费、商品维修费、预计产品质量保证损失费、运输费、装卸费等以及为销售本企业商品而专设的销售机构（含销售网点、售后服务网点等）的职工薪酬、业务费、折旧费、固定资产修理费用等费用。

（5）管理费用

管理费用是指企业为组织和管理企业生产经营所发生的各种费用，包括企业在筹建期间内发生的开办费、董事会和行政管理部门在企业的经营管理中发生的或者应由企业统一负担的公司经费（包括行政管理部门职工薪酬、物料消耗、低值易耗品摊销、办公费和差旅费等）、工会经费、董事会费（包括董事会成员津贴、会议费和差旅费等）、聘请中介机构费、咨询费（含顾问费）、诉讼费、业务招待费、房产税、车船使用税、土地使用税、印花税、技术转让费、矿产资源补偿费、研究费用、排污费以及企业生产车间（部门）和行政管理部门等发生的固定资产修理费用等。

(6) 财务费用

财务费用是指企业为筹集生产经营所需资金等而发生的筹资费用，包括利息支出（减利息收入）、汇兑损失（减汇兑收益）以及相关的手续费、企业发生的现金折扣或收到的现金折扣等。为购建固定资产的专门借款所发生的借款费用，在固定资产达到预定可使用状态前按规定应予资本化的部分，应计入有关固定资产的购建成本，不包括在财务费用范围内。

以上销售费用、管理费用、财务费用统称为期间费用。按照制造成本法，期间费用直接计入当期损益，无须将其分摊到产品的生产成本。这样，成本核算工作将大大简化，同时成本控制、成本分析也将更有针对性。

(7) 资产减值损失

资产减值损失是指当企业资产的可收回金额低于其账面价值时企业计提各项资产减值准备所形成的损失。资产可收回金额的估计，应当根据其公允价值减去处置费用后的净额与资产预计未来现金流量的现值两者之间的较高者确定。计提资产减值准备的资产主要有固定资产、在建工程、无形资产、长期股权投资等。

(8) 公允价值变动损益

公允价值变动损益主要是指交易性金融资产以及其他以公允价值计量的资产和负债由于公允价值变动形成的损益。如果企业取得该金融资产的目的主要是近期出售或回购，如企业以赚取差价为目的从二级市场购入的股票、债券、基金等，应当划分为交易性金融资产；或者属于衍生工具，如国债期货、远期合同、股指期货等，其公允价值变动大于零时，应将其相关变动金额确认为交易性金融资产。其他以公允价值计量的资产如存在活跃交易市场能够取得市场价格的投资性房地产。

(9) 投资收益

投资收益是指企业从事各项对外投资活动取得的收益扣除其发生的损失以后的净收益。包括长期股权投资中按照应享有或应分担被投资单位实现净利润或发生净亏损的份额或者被投资单位宣告分配的现金股利或利润中，投资企业应享有的部分；采用公允价值模式计量的投资性房地产的租金收入和处置损益；企业处置交易性金融资产、交易性金融负债、可供出售金融资产实现的损益；企业的持有至到期投资和买入返售金融资产在持有期间取得的投资收益和处置损益；证券公司自营证券所取得的买卖价差收入等。

2. 利润总额

利润总额是指企业一定期间所实现的全部利润，也称税前利润。它由营业利润、营业外收支等构成，其计算公式为：

$$利润总额=营业利润+营业外收入-营业外支出$$

（1）营业外收入

营业外收入是指企业发生的与日常活动无直接关系的各项利得。营业外收入并不是由企业经营资金耗费所产生的，不需要企业付出代价，实际上是一种纯收入，不可能也不需要与有关费用进行配比。营业外收入主要包括固定资产处置利得、无形资产出售利得、非货币性资产交换利得、债务重组利得、政府补助利得、盘盈利得、捐赠利得等。

（2）营业外支出

营业外支出是指企业发生的与日常活动无直接关系的各项损失。主要包括固定资产处置损失、无形资产出售损失、非货币性资产交换损失、债务重组损失、公益性捐赠支出损失、非常损失、盘亏损失等。

3. 净利润

净利润是指利润总额减去所得税费用后的剩余部分，也是归企业所有者的那部分收益，又称为税后利润，其计算公式为：

$$净利润=利润总额-所得税费用$$

所得税费用是指企业确认的应从当期利润总额中扣除的所得税费用，其计算公式为：

$$所得税费用=应纳税所得额\times 所得税率$$

式中，应纳税所得额是指企业每一纳税年度的收入总额，减除不征税收入、免税收入、各项扣除以及允许弥补的以前年度亏损后的余额。依照2008年1月1日起施行的《中华人民共和国企业所得税法》以及《中华人民共和国企业所得税法实施条例》，企业以货币形式和非货币形式从各种来源取得的收入，为收入总额，包括销售货物收入、提供劳务收入、转让财产收入、股息、红利等权益性投资收益收入、利息收入、租金收入、特许权使用费收入、接受捐赠收入等。减除的项目包括以下几种。

(1) 不征税收入

不征税收入包括财政拨款，依法收取并纳入财政管理的行政事业性收费、政府性基金等。

(2) 免税收入

免税收入包括国债利息收入，符合条件的居民企业之间的股息、红利等权益性投资收益收入，符合条件的非营利组织的收入等。

(3) 各项扣除

各项扣除是指企业实际发生的与取得收入有关的、合理的支出，包括成本、费用、税金、损失和其他支出，准予在计算应纳税所得额时扣除。

(4) 允许弥补的以前年度亏损

企业纳税年度发生的亏损，准予向以后年度结转，用以后年度的所得弥补，但结转年限最长不得超过五年。

所得税法规定，在计算应纳税所得额时，下列支出不得扣除：向投资者支付的股息、红利等权益性投资收益款项，企业所得税税款，税收滞纳金，罚金、罚款和被没收财物的损失，赞助支出，未经核定的准备金支出，与取得收入无关的其他支出。另外，对一些支出规定有合理的标准，超标准的支出在计算应纳税所得额时不予扣除。如企业发生的公益性捐赠支出，在年度利润总额12%以内的部分，准予在计算应纳税所得额时扣除；非金融企业向非金融企业借款的利息支出，不超过按照金融企业同期同类贷款利率计算的数额的部分准予扣除；企业发生的合理的工资薪金支出准予扣除；企业发生的职工福利费支出，不超过工资薪金总额14%的部分准予扣除；企业拨缴的工会经费，不超过工资薪金总额2%的部分准予扣除；企业发生的职工教育经费支出，不超过工资薪金总额2.5%的部分准予扣除，超过部分准予在以后纳税年度结转扣除；企业发生的与生产经营活动有关的业务招待费支出，按照发生额的60%扣除，但最高不得超过当年销售（营业）收入的5‰；企业发生的符合条件的广告费和业务宣传费支出，不超过当年销售（营业）收入15%的部分准予扣除，超过部分，准予在以后纳税年度结转扣除。

由于所得税法对捐赠、利息、工资、职工福利费、工会经费、职工教育经费、业务招待费、广告费和业务宣传费等都规定有标准，以及一些列入营业外支出的税收滞纳金、罚金、罚款和被没收财物的损失、赞助支出等在计算应纳税所得额时不得扣除等原因使企业会计核算的利润总额与应纳税所得额不一致。还有由于收入和支出计入应纳税所得额与利润总额的时间不一致所引起的差额，如税法与会计核算确定的固定资产折旧年限不同就可能导致折旧费计入利润总额的时间先于或后于计入应纳税所得额的时间，也会引起当期利润总额与应纳税所得额的不一致。

（二）利润分配的性质

一般观点认为，利润分配是指按照有关政策的规定和顺序，将净利润分配给投资者和留存于公司再投资的活动，是指一定会计主体（Accounting Subject）在一定时期内所创造的剩余价值总额在企业内外各利益主体之间分割的过程。分配权作为所有权的一项重要权能，分配活动强烈地体现着所有者的意志。财务活动中的利润分配活动，首先，要执行有关的法律、政策、制度及事先确定的分配程序；其次，由于利润分配活动不仅影响公司的筹资、投资决策和投资各方的利益，而且影响公司的资金流转。因此，利润分配活动中必须妥善处理好企业内外各利益主体之间的关系以及企业收益分配与内部短期发展和长远发展之间的辩证关系，以保证公司的健康发展。

（三）利润分配的项目

支付股利是一项税后净利润的分配，但不是利润分配的全部。按照我国公司法的规定，公司利润分配的项目包括以下部分。

1. 盈余公积金

盈余公积金从净利润中提取形成，用于弥补公司亏损、扩大公司生产经营或者转为增加公司资本。盈余公积金分为法定盈余公积金和任意盈余公积金。公司分配当年税后利润时应当按照10%的比例提取法定盈余公积金；当盈余公积金累计额达到公司注册资本的50%时，可不再继续提取。任意盈余公积金的提取由股东会根据需要决定。

2. 公益金

公益金也从净利润中提取形成，专门用于职工集体福利设施建设，公益金按照税后利润的5%~10%的比例提取形成。

3. 股利（向投资者分配的利润）

公司向股东（投资者）支付股利（分配利润），要在提取盈余公积金、公益金之后。股利（利润）的分配应以各股东（投资者）持有股份（投资额）的数额为依据，每一股东（投资者）取得的股利（分得的利润）与其持有的股份数（投资额）成正比。股份有限公司原则上应从累计盈利中分派股利，无盈利不得支付股利，即所谓"无利不分"的原则。但若公司用盈余公积金抵补亏损以后，为维护其股票信誉,经股东大会特别决议,也可用盈余公积金支付股利,不过这样支付股利后留存的法定盈余公积金不得低于注册资本的25%。

二、利润分配管理

(一) 利润分配的基本原则

企业利润分配主要是利用价值形式对社会剩余产品进行的分配,要确定企业的净利润如何在分发给投资者和用于再投资这两个方面进行分配。利润分配不仅影响企业的筹资和投资决策,而且涉及国家、企业、投资者、职工等多方面的利益关系,涉及企业长远利益与近期利益、整体利益与局部利益等关系的处理与协调。为合理组织企业财务活动和正确处理财务关系,企业在进行收益分配时应遵循以下基本原则。

1. 依法分配原则

企业的收益分配行为,国家制定和颁布了若干法律法规,如公司法、税法以及财务管理的有关规章制度。这些法律法规规定了企业收益分配的基本要求、一般程序和重大比例,企业应认真执行,不得违反。

2. 兼顾各方面的利益原则

利润分配是利用价值形式对社会产品的分配,直接关系到各方的切身利益。因此,要坚持全局观念,兼顾各方利益。国家作为市场规则的制定者和监督执行者,必须有充足的资金,以保证其职责的发挥,因此,企业以缴纳税款的方式,无偿上缴一部分利润。投资者作为资本投入者、企业所有者,依法享有收益分配的根本动力所在。但企业的利润离不开全体职工的辛勤工作,职工作为利润的直接创造者,除了获得工资及奖金等劳动报酬外,还要以适当方式参与利润的分配。此外,还要提取公益金、公积金等。可见,企业进行收益分配,应统筹兼顾,合理安排,既要满足国家集中财力的需要,又要考虑企业自身发展的要求;既要维护投资者的权益,又要保证职工的切实利益。为达到遵循兼顾各方面利益的原则,必须实现同股同权和同股同利,不得以损害一部分投资者的利益来提高另一部分投资者的利益,真正作到"公平、公正、公开"。

3. 分配和积累并重原则

企业进行收益分配,应正确处理长远利益和近期利益的辩证关系,将两者有机结合起来,坚持分配与积累并重。考虑未来发展需要,增强企业后劲,企业除按规定提取法定盈余公积金以外,可以留存一部分利益作为积累。这部分留存收益虽暂时未予分配，但仍归企业所有者所有。而且，这部分积累不仅为企业扩大再生产筹措了资金，也增强了企业抵挡风险的能力，提高了企业经营的安全系数和稳定性，这也有利于增强所有者的回报。通过正确处理收益分配和积累的关系，留存一部分利润以供未来分配之需，还可以达到以丰补歉、平抑利润分配数额波动幅度、稳定投资报酬率的效果。实践证明，投资者更为青睐能够提供稳定回报的企业，而利润分配时高时低的企业因暗含了不稳定信息，对投资者的吸引力难免大打折扣。因而，企业在进行利润分配过程中应当正确处理分配与积累的关系。

4. 投资与收益对等原则

企业收益分配应当体现"谁投资谁受益"，受益大小与投资比例相适应，即投资与收益对等，这是正确处理投资者利益关系的关键。投资者因其投资行为而享有收益权，并同其投资的比例相适应。这就要求企业在向投资者分配利润时，应本着平等一致的原则，按照各方投入资本的多少来进行，决不允许发生任何一方随意多分多占的现象。这样，才能从根本上保护投资者的利益，鼓励投资者投资。

5. 盈亏自负原则

企业作为独立的商品经营者，应当自负盈亏。因此，企业生产经营过程中发生的亏损，应由企业用以后年度实现的利润进行弥补。盈亏自负是市场经济要求在企业收益分配原则上的体现。坚持这一原则，有利于调动企业自身的积极性，使企业职工从根本上关心企业的生产经营成果，克服盈利归企业、亏损归国家的错误观念，同时也有利于减轻国家财政负担，理顺企业与国家之间的利益分配关系。

6. 无利不分，资本保全原则

一般情况下，企业在进行利润分配时，必须有净利润。在公司亏损，特别是连续亏损的情况下，不得进行利润分配，既保证资本保全，又维护投资者利益。当然，股份有限公司为维护公司声誉，兼顾投资者利益和避免股价波动，经股东大会特别决议，也可以用以前年度积累的盈余进行分配，但有一定的比例限制，不能分光吃尽。

（二）利润分配程序与方案

1. 股利分配的程序

从利润分配的范围看，包括内部分配与外部分配；从利润分配的方式看，包括实质分配与货币分配，其中以货币分配为主；从利润分配的对象看，利润分配主要包括对国家的分配、对所有者的分配、对债权人的分配、对劳动者的分配以及对企业本身的分配。广义的利润分配包括两个层次的内容：第一层次是对企业经营收入的分配；第二层次是对企业净利润的分配。狭义的利润分配仅指第二层次的利润分配。在实际工作中，企业收益分配具体表现为对企业一定时期实现的利润总额的分配，因此利润分配一般按照以下程序进行。

（1）弥补企业亏损

按企业财务通则规定，企业发生的年度亏损，可以用下一年度的税前利润弥补；下一年度利润不足弥补的，可以在今后5年内用所得税前利润连续弥补，连续5年未弥补完的亏损，用缴纳所得税后的利润弥补。因此，当经营盈利时，任何企业应按税法规定履行向国家上缴所得税的义务；当企业经营发生亏损时，国家也应予以扶持，帮助企业解决财务困难，因而国家财政部门对企业亏损的弥补做了上述统一规定。企业财务部门应建立和完善会计账簿，如实核算企业生产经营活动及其成果，当发生亏损时应及时申请，经财税部门审查属实，按规定实行以盈补亏。

（2）缴纳所得税

所得税（Income Tax）是国家凭借政治权利参与企业利润分配的一种税种。它按年计征，分期预交。企业应从全局利益出发，正确计算和缴纳所得税数额，其计算公式为：

$$应纳所得税的数额 = 应纳税所得额 \times 所得税税率$$

所得税税率是由国家税法规定的，企业必须严格执行的，不得随意改变，正确计算应纳所得税数额的关键是正确计算应纳税所得额。应纳税所得额是根据国家规定，在企业实现利润总额的基础上增加或扣减有关收支项目的办法加以计算的，其计算公式为：

$$应纳税所得额 = 收入总额 - （不征税收入 + 免税收入 + 允许的各项扣除 + 允许弥补的以前年度亏损）$$

（3）税后利润的分配

①支付被没收财物的损失和违反税法规定而支付的滞纳金和罚款

把这项支出作为税后利润分配的首要项目，也是为了维护国家的法律权威，促使企业遵纪守法。违约金、罚款和没收财物等具有赔偿性和惩罚性，是企业经营管理不善而形成的支出，而不是生产经营活动中应该发生的费用，因而不能列入成本，冲减当期损益。如果计入成本冲减当期损益，结果就使得企业因违法而支出的惩罚性支出的一部分转嫁给国家负担。为维护国家法纪，这种惩罚性支出必须由税后利润开支，以增强企业的法制观念。

②弥补以前年度亏损

如果企业的亏损额较大，用税前利润在5年的限制期内抵补不完，就转由企业的税后利润弥补，以保证企业简单再生产的正常进行，为扩大再生产创造条件。所以，把弥补以前年度亏损作为税后利润分配的第二顺序。

③提取公积金（Public Reserve Fund）

一般工商企业均应提取法定盈余公积金。公司法规定，企业应根据税后利润扣除前述两项分配数额后余额的10%提取公积金，主要用于弥补企业亏损，补充投资者分利的不足，以及按规定转增资本金。但在补充投资者分利或转增资本金后，企业留存的法定盈余公积金不得低于企业注册资本金的25%，企业的法定盈余公积金达到注册资本金的50%时可不再提取。在股份有限公司，除提取建立法定盈余公积金外，还要在向普通股东分配股利前，按公司章程或董事会决议提取建立任意盈余公积金，并按董事会决定的用途分配使用，满足企业生产经营的需要。

④向投资者分配利润

向投资者分配利润是税后利润分配的最后一项顺序，但这并不意味着向投资者分配利润不重要。投资者总是把每年年底能从企业税后利润中分得的份额作为衡量企业经营绩效的指标。如果一个企业过去税后利润的分配率一直较为稳定，而现在却有较大幅度的下降，这必然影响企业继续融通资金，所以当企业发生亏损、无利分配时，经企业管理当局决议，在保证法定盈余公积金的余额不低于企业注册资本金的25%的条件下，可用法定盈余公积金的一部分分配给投资者，以维护企业的声誉。可见，向投资者分配税后利润是十分重要的。之所以把它放在分配顺序的最后，是因为生产是继续取得投资报酬的前提，如果不先保证简单再生产和扩大再生产的顺利进行，就不能继续取得或提高投资报酬。同时，也是为了使投资者的权益与责任相结合，在未弥补亏损和提取公积金和公益金之前，不得向投资者分配利润。向投资者分配股利，首先应支付优先股股利；其次按公司的章程或董事会决议，提取任意盈余公积金；最后向企业普通股股东支付股利。

必须指出的是，在与经营者签订提取奖金或向经营者发放股票等协议的情况下，在向投资者分配利润之前，应按协议向经营者分配。

2. 利润分配方案

任何企业都必须正确处理向其利益相关者分配利润的问题。就股份制企业而言，制订其利润分配方案时主要应考虑向其投资者分配股利，包括股利支付形式和股利支付的时间安排。

（1）股利支付方式

股利支付方式一般有现金股利（Cash Dividends）、财产股利（Property Dividend）、负债股利（Be in Debt of a Dividend）和股票股利（Stock Dividend）等。

①现金股利

现金股利是以现金形式支付的股利，它是股利支付的主要方式。该形式能满足大多数投资者希望得到一定数额现金这种实在的投资要求，最易为投资者所接受。但是，这种股利支付方式须有累计盈余，并在有充足现金的前提下才能使用。

②财产股利

财产股利是以现金之外的其他资产支付股利的方式，主要包括：实物股利，如实物资产或实物产品等；证券股利，如公司拥有其他公司的债券、股票等。其中，实物股利形式并不增加公司现金的流出，适用于公司现金支付能力较低的时期；证券股利形式既保留了公司对其他公司的控制权，又不增加公司目前的现金流出，并且由于证券的流动性较强，因此为股东所接受。

③负债股利

负债股利是公司以负债支付的股利。通常以公司的应付票据支付给股东，在不得已的情况下，也可发行债券抵付股利。由于负债均需还本付息，因此，这种股利支付方式对公司的支付压力较大，只能作为现金不足时的权宜之策。

财产股利和负债股利实际上是现金股利的替代，在我国实务中很少使用，但并非法律所禁止。

④股票股利

股票股利是指公司以增发股票的方式所支付的股利，通常称为"红股"。股票股利对公司来说，并没有现金流出企业，也不会导致公司的财产减少，而只是将公司的留存收益转化为股本。但是，股票股利会增加流通在外的股票数量，同时降低股票的每股价值。它不会改变公司股东权益总额，但会改变股东权益的构成。公司如发行股票股利对公司的影响如下。

一是发放股票股利既不需要向股东支付现金，又可以在心理上给股东以从公司取得投资回报的感觉。因此，股票股利有派发股利之"名"，而无派发股利之"实"。

二是发放股票股利可以降低公司股票的市场价格,一些公司在其股票价格较高,不利于股票交易和流通时,通过发放股票股利来适当降低股价水平,促进公司股票的交易和流通。

三是发放股票股利,可以降低股价水平,如果日后公司将要以发行股票方式筹资,则可以降低发行价格,有利于吸引投资者。

四是发放股票股利可以传递公司未来发展前景良好的信息,增强投资者的信心。

五是股票股利降低每股市价的时候,会吸引更多的投资者成为公司的股东,从而可以使股权更为分散,有效地防止公司被恶意控制。

(2) 股利支付程序

股份有限公司向股东支付股利,前后要经历一个过程,依次为股利宣告日(Date of De cla-ration)、股权登记日(Date of Record)、除权除息日和股利支付日(Date of Payment)。

①股利宣告日

股利宣告日是指公司董事会将股利支付情况予以公告的日期。公告中将宣布每股股利、股权登记日(Date of Record)、除股日(Ex—dividend Date)和股利支付日(Date of Payment)等事项。我国的股份公司通常一年派发一次股利,也有在年中派发中期股利的。

②股权登记日

股权登记日是指有权领取股利的股东资格登记截止日期。由于股票可以在证券市场上自由买卖、交易,因此公司的股东经常变动,为了明确具体的股利发放对象,公司必须规定股权登记日。只有登记日前在公司股东名册上的股东,才有权利分享股利,在次日及以后取得公司股票的股东则没有取得这次分派的权利。证券交易所为登记提供了很大的方便,一般在营业结束的当天即可提供股东名册。

③除权除息日

除权除息日是指股权登记日的下一个交易日。除权(Rights Off)就是前收盘价除以1加送股数,除息(Ex-dividend)就是前收盘价减现金股利。

④股利支付日

股利支付日是指向股东发放股利的日期。在这一天,公司通过各种方式将股利支付给股东,也可以通过中央清算登记系统直接记到股东账户,由股东向其证券代理商领取。

第二节　股利政策

股利政策（Dividend Policy）是指公司将其实现的利润向股东进行分配的政策，包括是否支付股利、以何种方式支付、支付多少等具体问题。当一家公司从它的当期业务中开始获得现金流量时，它就要作出选择：是把它进行再投资，还是作为股利发放给股东？这个决定似乎十分简单，但却容易引起争议。公司股利政策通常涉及以下三个概念：股利支付率、每股股利、股利收益率。

股利支付率是指公司在一定期间内向股东支付的现金股利与当期税后利润之比，它反映在公司当期实现的净利中支付股利所占的百分比。

每股股利是指公司当年现金股利支付额与流通在外普通股股数的比值，反映每股股份的股利收益。

股利收益率是指公司每股股利与每股股价的比值，反映股东单位投资的获利能力。

一、股利理论

股利分配作为财务管理的一部分，同样要考虑其对公司价值的影响。围绕公司股利政策对公司股票价值或者公司价值有无影响的问题的研究，形成了股利政策的基本理论。在西方学术界以及实务界中，对理论的研究存在着不同的观点和理论，现就其主要内容做简要的介绍。

（一）股利无关论

股利无关论（Dividend be Foreign to Theory）认为，公司的股利政策不会对公司价值（股票价格）产生影响。其代表人物是美国财务学家米勒和莫迪格莱尼（Miller 和 Modigliani），因此，该理论又称为 MM 理论。他们指出，在满足一定条件下，公司的股利政策对股价和公司价值没有任何影响。其假设前提如下。

1. 现行市场价格反映了所有已公开或者未公开的信息，公司的投资者和管理当局可相同地获得关于未来投资机会的信息（即投资不受股利政策的影响）。

2. 没有筹资费用（即不存在股票发行和交易费用）。

3. 不存在个人和公司所得税。

4. 公司的投资决策与股利决策彼此独立（即投资决策不受股利分配的影响）。

上述假设下的市场是一种完美的市场，因此，MM 理论又称为完全市场理论。基于这些假设，MM 理论认为投资者并不关心公司股利的分配情况，公司盈余在股利和保留盈余之间的分配，并不影响公司的价值，公司的股价完全取决于投资方案和获利能力。既然投资者不关心股利分配，那么公司在较好投资机会的情况下，如果股利分配少、留利多，公司可将留存较多的利润用于再投资，公司的股票价格也会上升，需用现金的投资者可以通过出售股票来换现金。同样，即使公司有了理想的投资机会而又支付了较高的股利，公司也可以在证券市场上顺利地筹集到新股，新的投资者会认为公司有投资机会。这样，投资者对股利和资本利得并无偏好。因此，股票价格与公司的股利政策是无关的。

（二）股利相关论

股利相关论（Dividend Correlation Theory）认为，公司的股利政策会影响到公司股票的价格，公司的股利政策对公司的市场价值并非无关而是相关的。股利相关论的代表性观点如下。

1. "一鸟在手"论

这种理论认为，投资者对股利收益与资本利得收益是有偏好的，大部分投资者更偏向于股利收益，特别是正常的股利收益。因为正常的股利收益是投资者按时按量有把握取得的现实收益，好比在手之鸟，抓在手中是飞不掉的。而资本利得收益要靠出售股票才能得到，但抛售股票的价格起伏不定，具有很大的不确定性。一旦股价大跌，则资本利得收益会大幅度减少，好比在林之鸟，看上去很多，却不一定能够抓住。因此，资本利得风险比股利风险大得多。在两者之间，投资者更偏向于选择股利支付比率较高公司的股票。随着公司股利支付率的下降，股票价格因此而下跌。用谚语来形容就是"一鸟在手，强于二鸟在林"，该理论因此得名。

2. 投资者类别效应理论

这种理论认为，投资者不仅仅是对资本利得和股票收入有偏好，即使是投资者本身，因其类别不同，对公司股利政策的偏好也是不同的。那些低收入阶层比较偏好经常性的高额现金股利，因为较多的现金股利可以弥补其收入的不足，并可以减少不必要的交易费用；而那些高收入阶层则比较偏好少分现金股利，多些留成，用于再投资，这样既可以避免因取得股利收入而进一步增加其按高税率计算并支付的个人所得税，又可以为将来积累财富。因此，较高的现金股利满足不了高收入阶层的需要，而较少的现金股利又会引起低收入阶层的不满。所以投资者会因为自己的类别不同、偏好不同而选择股利政策不同的公司，低收入者会选择股利较高的公司，高收入阶层则会选择股利支付率较低的公司，从而使投资者各取所需，各得其所。

3. 信息传递理论

现金股利可以作为从公司内部管理者传递给外部投资者的可信任信号，这样公司股利政策就有传递新信息的功能。当公司开始支付股利（股利启动）时，就向公司投资者传递了公司管理者对公司有足够的收益为投资项目融资并能为股东支付现金股利的信息。股利增加表明公司正常盈利能力的"永久"增长。

公司股利的增加，能够向市场传递一种无法模仿的、明确的信号，说明公司的前景已经改善。但为了使股利信号发挥作用，必须满足以下四个条件。

（1）管理者必须有正确的激励机制向市场发出真实信号，即使信息是不完善的。

（2）成功企业的信号不能轻易被微利企业所模仿。

（3）信号必须与可观察的事件密切相关（如今天的高股利必须与未来的较高现金流量相关）。

（4）不存在发布同样信息成本更低的方法。股利信号传递模型表明，公司管理者可能选择真实的财务支出如股利发放（或债务清偿）作为向公众明确传递有关公司未来业绩信息的一种方法。这种信息无法被微利企业所模仿，因为微利企业没有足够的现金流量来传递这些信息，而且管理者也没有谎报真情的机会。

金融市场会对公司采取的、对将来现金流量和公司价值有潜在影响的每一次行动作出反应。当公司宣布改变股利政策时，无论它们愿意与否，都意味着给市场传递信息。有时公司传递的是积极的信号，而有时则传递消极的信号，从而产生负面的影响。

作为积极信号的股利，金融市场一般对公司关于未来发展前景的宣布持十分怀疑的态度，因此，一些拥有好项目的公司也会被市场所低估。公司如何把信息可靠地传给市场呢？信号传递原理认为，公司应该采取没有好项目的其他公司难以仿效的行动，而增加股利可视为这种行为。通过增加股利，允诺在长期内支付股利，虽然公司自己增加了成本，但是公司愿意进行支付的事实表明，公司相信自己有能力在长期中创造出所需的现金流量，这个积极的信号因此会导致对现金流和公司价值的重新评估以及股价的上扬。而股利的削减则是一个消极的信号，当公司采取这一行动时，市场会认为公司陷入巨大的长期财务危机，其结果是股价下跌，因此，公司一般都不愿意削减股利。价格对股利增减反应的经验数据和上面的理论分析互相吻合，至少在平均水平上是吻合的。

然而，对公司为何提高股利作出解释时，必须十分谨慎。虽然拥有好项目的公司可以把增加股利作为向金融市场传递信息的方式，但如果由此造成股东的税收负担，则增加股利就不一定是最有效的方法。对于小公司而言，信号传递的方式较少，答案或许是肯定的；但对于大公司而言，由于拥有众多向金融市场传递信息的方式，因而股利就未必是成本最小、最有效的信号。例如，通过公司的分析报告，信息或许能更有效地加以传递。

由于股利增加给金融市场传递了消极信号的观点也是可信的。如果一家公司过去从未支付过股利，但发展迅速，投资项目的收益率很高。当这家公司开始发放股利时，股东们就会将此视为公司投资项目风光不再的信号。

4. 顾客效应理论

虽然公司股东对股利存在明显偏爱，但是对于一些不发放股利的极端公司（如微软），股东对此又似乎毫无怨言。假设股东的偏好是多样化的，则随着时间的推移，股东会投资股利政策符合他们偏好的公司。高税收等级的股东不需要从股利支付中获得现金流量，他们会选择投资那些少付或不付股利的公司。相反，低税收等级的股东需要股利，一些免税机构也需要当期的现金流量，则他们会投资于高股利的公司。这种股东聚集在满足各自偏好的股利政策的公司的现象，通常称为"顾客效应"。

顾客效应的存在有几点含义。首先，它表明公司通过股利政策的吸引得到了满意的投资者。其次，它意味着公司要改变业已建立的股利政策将变得十分艰难，即使在认为完全必要时。例如，美国的电话公司习惯于支付高的股利，吸引了喜欢这些股利的大量投资者。顾客效应是否使股票价值脱离股利政策的影响，必须以经验数据来证明。如果效应很强，那么股票长期内的收益就不应受到股利政策的影响。如果股利有税收上的不足，支付高股利公司的股票的收益率应该高于支付低股利公司的股票，以弥补两者间的税收差异。最后，如果存在对股利的绝对偏好，结果则相反。

顾客效应为股利政策不相关理论提供了又一个论据。简单地说，如果投资者都投资于满足他们偏好的股利政策的公司,那么公司的价值就不应该受到股利政策的影响。因此,支付股利少或者不支付股利的公司就不应该受到惩罚,因为这是投资者的共同偏好。类似地,支付高股利公司的价值也不应该降低,因为它们的投资者喜欢股利。当然,有个假设条件是在每种股利顾客中存在众多的投资者,因而无论股利政策如何,公司都能被公平地定价。

二、公司的股利政策

公司股利政策的内容包含:股利支付率的高低;股利支付具体形式的选择;股利发放程序计划,如发放频率、股利宣布日、登记日、除息日和发放日的确定等。

(一) 公司股利政策的类型

1. 剩余股利政策

以首先满足公司资金需求为出发点的股利政策。根据这一政策,公司按如下步骤确定其股利分配额:确定公司的最佳资本结构;确定公司下一年度的资金需求量;确定按照最佳资本结代为满足资金需求所需增加的股东权益数额;将公司税后利润首先满足公司下一年度的增值,剩余部分用来发放当年的现金股利。即执行该政策应注意:财务限制(即资本结构限制)、经济限制(目标结构下的筹资顺序)、法律限制(对留存的限制)。

管理者必须有目的地制定资本结构政策、股利政策、投资政策和筹资政策以确保资金平衡。在当期收益一定的条件下,管理者可以确定四个政策中的任意三个政策,但是第四个政策则必须是"剩余"的政策。

2. 稳定股利额政策

以确定的现金股利分配额作为利润分配的首要目标优先予以考虑,一般不随资金需求的波动而波动。

许多公司和股东倾向于稳定增长的股利支付政策,将筹资政策作为股利政策的"剩余政策"。稳定增长的股利政策基本特征是,公司每年度的每股股利稳定在某一特定水平上,除非管理者确信公司未来盈利状况足以支付更多的股利,否则,不会轻易提高公司股利支付额。公司和投资者热衷于稳定增长的股利政策的原因主要表现为以下几点。

(1) 稳定的股利可以消除投资者内心的不稳定性。

(2) 许多投资者依靠稳定的股利收入满足其现金支出需要。

(3) 稳定增长的股利政策可以减少投资者对公司未来股利收入的不确定性，从而降低对公司必要投资报酬率的要求。

(4) 稳定的股利有利于公司股票被机构投资者购买。

(5) 如何确定公司最初的股利支付水平，使其既不影响公司当期的形象，又为公司未来股利的稳定支付留有余地，是公司股利政策的关键所在。

(6) 采用稳定股利额政策，要求公司对未来的支付能力作出较好的判断。一般地，公司确定的稳定股利额不应太高，要留有余地，以免形成公司无力支付的困境。

3. 固定股利支付率政策

固定股利支付率政策是指公司将每年净收益的某一固定百分比作为股利分派给股东。这一百分比通常称为股利支付率，股利支付率一经确定，一般不得随意变更。固定股利支付率越高，公司留存的净收益越少。在这一股利政策下，只要公司的税后利润一经计算确定，所派发的股利也就相应确定了。

采用固定股利支付率政策，股利与公司盈余紧密地配合，体现了多盈多分、少盈少分、无盈不分的股利分配原则。由于公司的盈利能力在年度间是经常变动的，因此，每年的股利也随着公司收益的变动而变动，并保持分配与留存收益间的一定比例关系。采用固定股利支付率政策，公司每年按固定的比例从税后利润中支付现金股利，从企业支付能力的角度看，这是一种稳定的股利政策。

但采用固定股利支付率政策，也有不足之处。例如，股利通常被认为是公司未来前途的信号传递，那么波动的股利向市场传递的信息就是公司未来收益前景不明确、不可靠等，很容易给投资者留下公司经营状况不稳定、投资风险较大的不良印象。因此，固定股利支付率政策只是比较适用于那些处于稳定发展且财务状况也较稳定的公司。

4. 正常股利加额外股利政策

按照这一政策，企业除每年按一固定股利额向股东发放称为正常股利的现金股利外，还在企业盈利较高，资金较为充裕的年度向股东发放高于一般年度的正常股利额的现金股利。其高出部分即为额外股利。

(二) 股利政策的衡量

衡量股利政策通常有两种方法。第一种是股利收益率，即将支付的股利和股票的价格联系起来，其计算公式为：

$$股利收益率 = 每股年股利/每股价格$$

股利收益率是十分重要的指标。首先，它提供一种衡量股票全部收益中来自股利和来自股价增值的各自构成的方法。其次，一些投资者利用股利收益率作为衡量风险、进行投资的一个指标，而投资于高股利收益率的股票。研究表明经过市场收益和风险调整后，高股利收益率的股票会带来额外收益。

第二种广泛采用的方法是股利支付率，即将股利同公司的收益联系起来，其计算公式为：

$$股利支付率 = 股利 / 每股收益$$

股利支付率的用途很广，首先，可用于估计未来某一时期内的股利，因为大多数分析者都只估计预期收益的增长。其次，留存比例收益中用于公司再投资的比例（留存比例=1-股利支付率）对估计未来收益的增长非常有用。高留存比例的公司（低股利支付率）一般比低留存比例（高股利支付率）的公司有更快的增长率。再次，股利支付率随公司生命周期的变动而变化。最后，随着公司的逐渐成熟以及增长前景下降，开始逐步增加。

三、公司股利政策的影响因素

（一）法律因素

为保护债权人和股东的利益，公司法、证券法等有关法规对公司股利的分配都作出了一定的规范和限制。

1. 资本保全

即规定公司不能用资本发放股利，以防止资本被侵蚀。

2. 企业积累

即公司必须按规定提取10%的法定盈余公积金。

法律也鼓励企业提取任意盈余公积金。只有当企业提取公积金累积数额达到注册资本50%时才可以不再计提法定盈余公积金。

3. 净利润

即规定公司账面累计税后利润必须是正数才可以发放股利。以前年度的亏损必须足额弥补。

4. 偿债能力

即规定公司必须有充分的偿债能力才能发放股利，公司如果没有充分的偿债能力，要支付股利就得变卖现有资产，会影响公司经营和债权人利益。

（二）企业因素

公司自身的各种条件会影响股利的分配。

1. 盈利的稳定性

盈利稳定的公司股利支付较高。

2. 资产的流动性

资产流动性较强的公司，现金来源较充足，股利支付能力也就较强。

3. 举债能力

不同的企业在资本市场上举债能力大相径庭，有的企业举债能力强，能以较低的成本筹得所需的资金；有的企业筹不到所需的大量资金，即使能筹到这笔资金，也要付出较大的成本。若企业愿意调整资本结构，举债能力强的企业，可以采用较为宽松的股利政策。这样既可以有助于稳定或提高股票的价格，也可以提高企业的效益；若企业的举债能力较弱，企业不能过多举债，为维持经营能力就不得不多保留盈余，因而常采用较紧的股利政策。举债能力强的公司，因为能够及时筹措到所需的资金，也就有可能采取较宽松的股利政策。

4. 投资机会

有良好的投资机会的公司为保证投资的资金需要，就可能少发股利。但这有利于公司今后的发展，对长远的股利分配是有好处的。股利政策在很大程度上受投资机会的影响。一般来说，企业的投资机会较多，就往往会采用低股利、高保留盈余政策；反之，如果投资机会较少，企业可能采用高股利政策。因此，对于那些前景看好、发展较快的企业，往往很少采用高现金股利政策，可能采用低现金股利政策，也可能采用股票股利等其他的方式发放股利。

5. 资金成本

如果企业需筹集一定数量的资本进行投资，它可以使用保留盈余，也可以发行新股票得到资本。保留盈余是企业内部筹资的一种重要方式，同发行新股相比成本较低，而且可以保持对企业的控制权，如果新股发行成本高，发行新股的成本将高于使用保留盈余的成本。因此，最好使用保留盈余筹资而不采用出售新股票来筹资；反之，若新股发行成本低，企业宜采用高现金股利政策，所需的资金可以从外部来筹得。企业之间的筹资成本各不相同，小企业股票的发行成本往往较高。保留盈余的成本比发行新股的成本低，出于资金成本考虑，公司可能少分股利，以满足公司对资金的不断需要。

6. 以往年度的股利政策

公司股利政策的制定，不仅要充分考虑本年度的经营业绩和财务状况，而且必须考虑历史上公司的股利政策,尽可能保持连续性和稳定性。如果一定要对历年执行的股利政策作明显的改变,必须充分估计这种改变对公司声誉、负债能力、信用等方面的影响。

(三) 股东因素

1. 稳定的收入与避税

依靠股利生活的股东,往往要求公司支付稳定的股利,高收入的股东为了避税,往往反对公司支付较多的股利。

2. 控制权的稀释

如果企业通过发行新股筹集资本,企业的控制权可能受到稀释的威胁,虽然老股东有优先认股权,但他们必须拿出可观的现金,否则老股东的利益将受到损害。尤其是那些经常持有较大比例股票的小企业,管理当局担心控制权的稀释,就更不愿意出售股票。因此,这些企业的股东往往都限制股利的支付,而宁可多保留收益,增加内部筹资的能力,防止控制权的丧失。不愿稀释控制权的股东,往往宁可少分股利。

3. 股利和资本收益风险预感程度

如果股票市场风云变化,股东们对企业股票前景难以确定。则股东都会要求企业采用高股利政策,体现一种求稳的心态;如果企业股票价格的前景明朗看好,投资者往往希望企业多保留盈余,以获取更大的资本收益。

4. 股利的信号作用

投资者已观察到股利的增长常伴随着股票价格的上涨;反之削减股利常导致股票价格下跌。因此,股利的发放常常给投资者一种股票价格上升或下降的信号,如果企业的股利发放顺利,且每股股利数额较大,则意味着股票价格的上升。因此,一些企业在发行新股之前,往往采用高股利政策,诱使股票价格的上涨,使筹资成本下降。

5. 股利分派的其他目的

股利分派除了满足股东对股利收入的要求之外,还可以达到其他目的。例如,两个公司合并之初,为了争取股东支持、巩固合并后的新公司,可以分派较高额度的股利。公司也可以通过有意识地用多发股利来影响股票市价上升,达到使已发行的可转换公司债尽早地实现转换之目的。部分股东对公司管理当局不满,管理当局可以用多发股利的方法缓和矛盾,争取股东对管理当局的支持。

(四) 其他因素

1. 债务合同约束

长期债务合同中往往有关于现金支付的限制性契约条款,使得公司不得支付较多的股利。

2. 通货膨胀

在通货膨胀期间,股利政策往往偏紧,企业往往要用盈余补充重置固定资产的资金缺口。

第三节 股票分割和股票回购

一、股票分割

股票分割是指将一股面值较大的股票拆成数股面值较小股票的行为,又称为拆股与股票股利相比。股票分割会降低股票面值。

股票分割对公司的股东权益结构不会产生任何影响,一般只会使发行在外的股票股数增加,每股面值降低,每股盈余下降,并由此使每股市价下跌,公司总价值不变,股东权益总额不变,这与发放股票股利基本相同,但股东权益各项目的金额及相互间的比例不会改变,这与发放股票股利的情况就不同了。

从实践效果来看,由于股票分割与发放股票股利非常接近,一般根据证券管理部门的规定加以区别。

(一) 股票分割对公司的影响

1. 降低股票市价

如果公司管理当局认为其股票价格太高,不利于股票交易活动,而股票价格下降则有助于股票交易,此时可通过股票分割降低股价,使公司股票更为广泛地分散到投资者手中。这样,既可以将股价维持在理想的范围内,以利交易;又可以有力地防止少数小集团的股东通过委托代理权,实现对公司控制的企图,为新股发行做准备。股票价格太高使许多潜在投资者力不从心而不敢轻易对公司股票进行投资。在新股发行之前,利用股票分割降低股票价格,有利于提高股票的可转让性和促进市场交易活动,由此增加投资者对股票的兴趣,促进新发行股票的畅销。

2. 有助于公司兼并、合并政策的实施

当一个公司兼并或合并另一个公司时,首先将自己的股票加以分割,有助于增加被兼并方股东的吸引力。

(二) 股票分割对股东的影响

1. 股票分割可能会增加股东的现金股利

一般来说,股票分割后,只有极少数的公司还能维持分割之前的每股股利,不过,只要股票分割后每股现金股利的下降幅度小于股票分割幅度,股东仍能多获现金股利。

2. 股票分割会给投资人信息上的满足

分割一般都是股价不断上涨的公司所采取的行动公司宣布股票分割,等于向社会传播了本公司的盈余还会继续大幅度增长的有利信息,这信息将会使投资人争相购买股票,引起股价上涨,进而增加股东的财富。

尽管股票分割与发放股票股利都有能达到降低公司股价的目的,但一般来说,只有在公司股价剧涨且预期难以下降时,才采用分割的办法降低股价;而在公司股价上涨幅度不大时,往往通过发放股票股利的方法将股价维持在理想的范围之内。

如果有些公司认为自己的股票价格过低,为了提高股价,可以采取反分割(又称为股票合并)的措施。反分割是股票分割的相反行为,即将数股面额较低的股票合并为一股面额较高的股票。

二、股票回购

股票回购(Stock Repossession)是指上市公司从股票市场出资购回本公司发行在外的股票的行为。公司在股票回购完成以后可以将购回的股票注销,也可以将其作为"库藏股"保留,但不参与每股收益的计算和收益分配。股票回购可以使流通在外的股份减少,每股股利增加,必然会导致股价上升,故股东能够因此而获得资本利得,所以股票回购和现金股利对股东来说有着同等的效果,可以把股票回购看作现金股利的替代方式。

(一) 股票回购的动机

1. 股票回购可以巩固既定控股权或转移公司控股权

许多股份公司的大股东为了保证其所代表公司的控股权不被改变,往往采取直接或间接的方式回购自己的股份,即公司直接以自身的名义或通过自己关联的公司购回自己的股份。有些股份公司的法定代表人并非公司最大股东的代表者，在实际工作中，这些法定代表人为了保证不改变在公司中的地位，也为了能在公司中实现自己的意志，往往采取回购股份的方式分散或削弱原控股股东的控股权，以实现原控股权的转移。

2. 股票回购可以提高每股收益

由于财务上的每股收益指标以流通在外的股份数作为计算基础，把已发行在外的普通股重新购回，将直接减少公司发行在外的普通股股数，从而引起每股收益的增加。不少股份公司基于自身形象、上市需求和投资人渴望高回报等原因，采取股份回购并库存自身股份的方式来操纵每股收益的指标，以减少实际应支付红利的股份数。

3. 股票回购可以稳定或提高公司股价

过低的股价会对公司的经营造成一系列不良的影响，降低了投资者对公司的信心，削弱了公司销售产品、开拓市场的能力，使公司难以从证券市场上进一步融资。而股票回购引起的每股收益增加，会直接导致公司股价上升，使投资者恢复对公司的信任，并使股东从股价上升中得到更多的资本利得，增加了公司进一步配股融资的可能。因此，股票回购是公司在其股价较低时维护公司形象的有力途径。

4. 股票回购可以分配公司超额现金

如果一个公司的现金超过其投资机会的需要量，但又没有较好的投资机会可以使用这笔资金时，最好是实行分配股利。股东出于避税控股等多种因素的考虑，就有可能通过股票回购而非现金股利的方式进行分配，即股票回购也是现金股利的替代品。这是因为股票回购会引起每股收益和每股市价上升，假定市盈率不变，则股东持有股份的总价值将由此而达到最大，从而起到了分配超额现金的作用。

5. 股票回购可以改善资本结构

任何产品、企业、产业的发展都具有周期性的特征，扩张期往往对外发行股票融资，加快了资本的形成；但进入衰退期后，出现闲余资金，利用这部分资金回购股票，可以缩减资本，改善公司的资本结构。

6. 股票回购可以作为一种反并购策略的选择

股票回购可以提高公司股价，给收购方增加收购难度，因此，股票回购也可以作为反并购的一种策略加以使用。使用时，应注意先回购股票，再将其出售给稳定的股东,以防止股票回购后进攻公司的持股比例上升。

(二) 股票回购的方式

在西方,股票回购的方式主要有固定价格自我认购(Oneself Subscribes for Fixed Price)、荷兰式拍卖自我认购(Oneself Subscribes for Dutch Auction)和公开市场购买法(Law the Market Overt is Bought)三种方式。

1. 固定价格自我认购

固定价格自我认购是指企业向股东发出正式的市场报价以购买部分股票,通常是以一个固定的价格来回购股票。认购价格通常高于现行市场价格,股东有权决定是以固定价格出售股票还是继续持有。通常,认购期为2—3个星期。如果股东提供的股票超过了企业最初欲回购的股票数,那么企业有权决定购买或不购买部分或全部的超额供给。一般而言,固定价格自我认购的成本要高于公开市场购买。

2. 荷兰式拍卖自我认购

荷兰式拍卖自我认购是由企业详细说明愿意购买的股票数量,以及愿意支付的最低价格与最高价格(一般最低价格稍高于现行市场价格)。然后由股东向企业提出他们愿意出售的股票数量,以及在设定的价格范围内他们能够接受的最低出售价格。在接到股东的报价后,企业将它们按从低到高的顺序进行排列,然后决定能够实现事先设定的全部购回数量的最低价格。这个最低价格将用于支付给那些报价低于或等于该价格的股东。如果报价低于或等于该回购价格的股票数量多于企业事先确定的回购数量,企业就可以按比例购买。如果股东提供的股票数量太少,则企业或者取消此次回购,或者以设定的最高价格购买股东所提供的全部股票。与固定价格认购不同,企业事先并不知道最终的回购价格是多少。与固定价格认购方式相同,企业最初对股东提供的股份数量也是不确切的。在西方,大企业比小企业更喜欢使用荷兰式拍卖自我认购方式。

3. 公开市场购买法

在公开市场购买法下,企业像其他投资者一样通过经纪人购买自己的股票。通常,经纪人费用是由双方协商确定的。在美国,证券交易委员会的某些规则限制了公开市场购买法的运用。因此,企业需要花较长的时间才能积累起一笔相对较大数量的股票。

(三) 股票回购的副作用

1. 公司回购股票与股东退股而减少持有公司股票差别不大,这样会从根本上动摇公司的权益资本基础，影响公司的经济增长，也削弱了对公司债权人的保障程度。

2. 公司回购股票使公司持有自己的股票，成为自己的股东，公司与股东之间的法律关系发生混淆。

3. 公司回购自己的股票容易导致其利用内幕消息进行操作，人为操纵股市，加剧公司行为的不规范化。

目前，在西方成熟的证券市场，股票回购是一种合法化的公司行为，但由于回购股票的行为对公司的股价影响过大，而且通常涉及内幕消息，因此各国都对此进行相应的约束。西方国家的公司回购的股票一般作为库藏股票处理。

新经济环境下企业财务会计管理的信息化发展

第一节 信息技术对财务管理的影响

一、网络信息技术对企业经营环境的影响

(一) 网络信息技术转变人们的价值观念和行为模式

互联网作为一个信息流动的平台，逐渐形成了它固有的文化属性。互联网作为人们长期置身其中的虚拟社会，形成了独有的网络伦理文化特征，具有虚拟性、匿名性、快捷性、开放性等特点，互联网提供的资源在空间上重塑了人们的活动场所，在很大程度上改变了人们的生活方式和行为模式。

(二) 网络信息技术改变人们的生活方式

互联网是人类社会有史以来第一个全球性论坛组织形式，世界各地数以亿计的人可以利用互联网进行信息交流和资源共享。电脑网络切入人们的私人生活和公共生活领域，使人们的生活方式出现了崭新的形式，包括购物方式、阅读方式、学习方式、工作方式等。

(三) 网络信息技术重构社会结构

互联网促进了社会利益结构多元化的发展，改变了原有的社会分层结构，导致社会群体的关系更加复杂。传统社会结构中各社会要素垂直的结构形态发生了变化，网络社会结构不再以传统意义上的社会结构形态进行分层，而是重新依据兴趣、爱好等方式进行重组。

（四）网络信息技术模糊了学科边界

工业革命的社会化大生产促进社会的细致分工，在这种分工制度下人们成为流水线上的螺丝钉，这需要的是专家式人才。信息借助互联网以前所未有的广度和深度流动起来，行业壁垒在信息洪流冲击之下无比脆弱，行业融合、领域交互成为新趋势，过去小范围家庭、组织内部的知识传递，变成了现在无国界的网络社交互动。不同思想的交流碰撞，在学科边缘、行业边界之上不断地摩擦出创新的火花。未来随着互联网普及将涌现出越来越多的"跨界人"。

（五）网络发展带来的产业痛点

随着网络和信息技术的不断发展，商业模式从消费互联网时代的眼球经济发展到产业互联网时代的价值经济，但无论最后采取什么样的商业工具和商业模式，最重要的还是能否提供更好的品质、性价比和服务体验问题。就目前发展而言，我国的产业互联网还存在着以下痛点，痛点之处就是最好的商业机会所在。

1. 信息安全和支付安全问题亟须解决

互联网的连接与聚合能力提升，对人类社会的影响巨大，网络信息技术近年来也不断发展，但是硬件、互联网等各个方面存在的安全隐患也与日俱增。这些问题如果不能够得到解决，一方面会对互联网造成巨大的破坏，另一方面也会影响用户对互联网的信心。网络安全主要集中在信息的安全与网络支付安全两大方面。

2. 网络基础设施建设亟须完善

（1）加强建设数据基础设施

应加大政府对互联网数据资产管理的重视程度与力度，主要是适度的合理开放，条件成熟时设立数据资产交易所机制，促进数据资产的交易。

（2）加强建设网络基础设施

对于网络基础设施，主要就是网络的进一步普及和网速的提高。此外，与中国社会的二元结构相似，中国的互联网也呈现出巨大的城乡差异。

（3）建立并完善网络统一标准

对于互联网标准接口的基础设施工作而言，重要性则在于让大家研发的产品能互相兼容，相互适配。因此，应建立统一的标准，促进开放与协作。

我国在基础设施建设方面投入巨资,在拉动我国经济增长的同时也对改善我国投资环境起到巨大的促进作用,但是在互联网基础设施投入方面,还不够重视,今后应加大该方面的投入。

二、信息技术对企业财务管理的影响

近年来,随着信息技术的发展,企业管理的各个环节也受到了影响,作为企业管理核心的财务管理必然也受到了一定影响,这些影响主要集中体现在两个方面。第一,信息技术的发展使财务管理面临的环境发生了变化,市场竞争也愈加激烈,知识逐渐成为企业最有力的竞争因素,企业管理面临的需求、需要解决的问题、解决问题的条件和方法都随之发生变化,在这样的深刻变革下,企业财务管理的模式也相应地发生了变化,随之而来的就是企业财务管理内容、范围和方法的变化。第二,信息技术的飞速发展为企业财务管理提供了更广阔的平台,随着信息技术的发展和成熟,财务管理面临的问题可以得到更好的解决途径,企业可以选择的财务管理手段也更为多样化。

(一)信息技术对企业财务管理实务的影响

财务管理实务指的是应用财务管理理论,实现财务决策与财务控制的全过程。信息技术对财务管理实务的影响体现在对财务控制手段、财务决策过程和财务管理内容的影响三个方面。

1. 对财务控制手段的影响

传统的企业财务管理是一个较长的过程,这个过程要经历"记录—汇总—分析—评价—反馈—修正"各个环节,在传统财务管理中,控制过程相对于业务过程有一定的滞后,这就导致企业财务管理职能不能充分发挥。而随着信息技术的发展,企业财务管理的控制程序可以与业务处理程序集成,财务管理可以实现实时控制。

2. 对财务决策过程的影响

(1)情报活动发生的变化

情报活动不再是单纯的收集决策所需的数据,而是经历"风险评估—约束条件评估—数据获取"三个阶段。风险评估首先对决策目标及实现决策目标的风险进行合理的估计。约束条件评估则是确定实现该决策目标所受到的各种外部环境的制约,明确为了实现该目标,可以使用的资源有哪些。数据获取则避免了手工数据的整理过程,借助于信息化平台,可以大量获取所需的数据,并依靠数据仓库技术，直接获取有价值的支持决策的数据。

（2）设计活动发生的变化

传统的设计活动是指创造、制订和分析可能采取的方案。而在信息化环境下，这一过程实际上转变为依靠工具软件或财务管理信息系统建立决策模型的过程。

（3）抉择活动发生的变化

抉择活动是指从众多的备选方案中，按照一定标准选择最优的方案并加以实施。这一过程在计算机环境下可以得到最大程度的优化，利用计算机强大的计算能力，可以模拟方案的执行情况，从而实现最优化决策，决策的科学性大大提高。

（4）审查活动发生的变化

审查阶段要对决策进行评价，不断发现问题并修正决策。在信息化环境下，这一过程的执行提前到决策执行环节，也就是在决策执行过程中，同时完成对执行情况的跟踪、记录和反馈。

3. 对财务管理内容的影响

对企业个体而言，其主要的理财活动主要体现在三个方面，即筹资活动、投资活动和收益活动。相应地，也形成了企业财务管理的主要内容。信息技术环境下，它们仍然是财务管理的主要内容，但信息技术同时也扩展了财务管理的内容，主要表现在以下三个方面。

（1）信息技术促进了企业与相关利益者、银行、税务部门、金融市场之间的信息沟通，财务管理的范围也从企业扩展到相关的利益群体，诸如税收管理、银行结算管理等也成为财务管理活动中重要的一环。

（2）信息技术的发展，促进了新的管理内容的产生，如集团企业全面预算管理、资金集中管理、价值链企业物流管理等。

（3）现代企业在信息技术的支持下，形成了连接多个企业的价值链。在完成筹资、投资和收益决策时，企业不再是一个孤立的决策单元，而是价值链上整体决策的一个环节。因此，相关决策将更多地面向价值链整体最优。

（二）信息技术对企业财务管理基础理论的影响

1. 信息技术对财务管理职能的影响

信息技术的发展和成熟强化了财务管理的基本职能，即财务决策职能和财务控制职能。财务决策职能是指在充分考虑企业环境和目标的前提下，选择并实施科学方法，确定适合企业的最佳财务目标。在企业财务管理实践中，筹资、投资和收益分配是财务决策的三个基本方面。信息技术的发展引起了财务决策环境的变革，这导致企业进行财务决策时将面临更大风险。在信息化环境下，企业进行各项决策活动都要有一定信息技术的支持，这样才能使决策从感性逐渐转化为理性。财务控制是指在决策执行过程中，通过比较、判断和分析，监督执行过程，并及时作出修正的过程。随着信息技术的发展，企业财务控制职能得到了强化，控制范围得到了很大扩展，当前的财务控制可以覆盖企业的各个层面；控制手段借助于信息化平台进行；同时，信息化还使财务控制从事后控制逐渐转化为事前、事中控制。

信息技术不仅强化了财务管理的基本职能，还衍生出了派生职能，主要是财务管理的协调职能和沟通职能。在信息技术环境下，企业作出的任何一个决策都可能涉及多个部门和领域，因此，必须在财务决策方面作出改变，要尽可能满足企业生产经营提出的要求。例如，企业制订生产计划时要考虑自身的财务计划，保证二者可以相互配合。也就是说，随着部门间横向联系的加剧，必须有适当的手段实现部门间、各业务流程间相互协调和沟通的能力，财务管理将更多地承担起这方面的职能。

2. 信息技术对财务管理对象的影响

财务管理的对象是资金及其流转。资金流转的起点和终点都是现金，其他的资产都是现金在流转中的转化形式，因此，财务管理的对象也可以说是现金及其流转。信息技术环境下，财务管理的对象并没有发生本质变化，影响主要表现在以下两个方面。

（1）现金流转高速运行

网络环境下，现金及相关资产的流转速度加快，面临的风险加剧，必须要有合理的控制系统保证企业现金资产的安全和合理配置。

（2）现金概念的扩展

信息技术环境下，网上银行，特别是电子货币的出现极大地扩展了现金的概念。此外，网络无形资产、虚拟资产的出现，也扩展了现金的转化形式。

3. 信息技术对企业财务管理目标的影响

财务管理最具有代表性的目标包括利润最大化、每股盈余最大化、股东权益最大化和企业价值最大化。在信息化环境下，以企业价值最大化作为企业财务管理的目标是必然的选择。这是因为，企业是各方面利益相关者契约关系的总和。

企业的目标是生存、发展和获利。信息技术环境使各方的联系日益紧密。在信息技术的推动下，电子商务开始普及，企业实际上是形成的多条价值链上的节点，单纯追求个体企业的利润最大化或股东权益最大化并不能提升整个价值链的价值，反而会影响企业的长期发展和获利。只有确定企业价值最大化的财务管理目标，才可能实现企业相关利益者整体利益的共赢。

（三）信息技术对企业财务管理工具的影响

传统的财务管理中，主要依靠手工完成各项财务管理工作，财务管理处于较低水平。信息技术极大地丰富了财务管理手段，正是由于信息技术的大量应用，实际上促进了财务管理在企业中的应用。这一影响主要体现在以下三个方面。

1. 网络技术提供更好的解决方案

网络技术不仅扩展了财务管理的内容，而且为财务管理提供了新的手段。传统方式无法实现的集中控制、实时控制都可以依托网络实现。分布式计算技术的应用，为财务决策提供了新的解决方案。

2. 数据仓库技术提高决策效率和准确性

数据仓库的广泛应用改变了传统的决策模式。数据仓库是一种面向决策主题、由多数据源集成、拥有当前及历史终结数据的数据库系统。利用数据仓库技术可以有效地支持财务决策行为，提高决策效率和决策的准确度。

3. 计算机技术提高数据处理能力

计算机的普遍应用提高了财务管理活动中的数据处理能力。利用计算机可以帮助用户完成较为复杂的计算过程，处理海量数据。大量工具软件的出现，可以帮助用户轻松完成数据计算、统计、数据分析、辅助决策等任务。

（四）信息技术对企业财务管理方法学的影响

1. 简单决策模型向复杂决策模型的转变

传统的财务预测、决策、控制和分析方法受手工计算的限制，只能采用简单的数学计算方法。在信息化环境下，更多更先进的方法被引入到财务管理活动中来，如运筹学方法、多元统计学方法、计量经济学方法，甚至包括图论、人工智能的一些方法也被广泛使用。

2. 定性分析向定量分析和定性分析相结合转变

传统的财务管理过程中，虽然使用过定量分析，但并没有得到广泛的应用。主要原因有二：一是计算工具的落后，无法满足复杂的数学计算或统计分析，同时缺乏工具软件的支持，使得计算过程难以掌握。二是缺乏数据库管理系统的支持，定量分析所需的基础数据缺乏必要的来源；或者是选择的样本过小，致使得出的结论产生误差。信息化环境下，数据库管理系统的广泛建立，特别是相关业务处理信息系统的成熟，为财务管理定量分析提供了大量的基础数据。同时，利用工具软件可以轻松地完成各项统计、计算工作，定量分析不再是专业人员才能完成的任务。

3. 偶然性决策向财务管理系统化的转变

系统论、控制论和信息论是第二次世界大战后崛起的具有综合特性的横向学科之一。系统及系统工程的思想、方法论和技术在20世纪70年代末传入我国，并于80年代达到了鼎盛时期，目前流行的新三论，即耗散结构论、协同论和突变论都是系统论的进一步发展。系统论是研究客观现实系统共同的本质特征、原理和规律的科学。系统论的核心思想是从整体出发，研究系统与系统、系统与组成部分及系统与环境之间的普遍联系。系统是系统论中一个最基本的概念。

财务管理也是一种支持和辅助决策的系统，企业财务管理方法是指企业在财务管理中所使用的各种业务手段，目前主要有财务预测方法、财务决策方法、财务分析方法、财务控制方法等。在很长的一段时间里，财务管理缺乏系统的观点进行分析和设计，往往只侧重于某一指标的获得或独立决策模型的应用。传统的财务管理方法面向独立的财务管理过程，缺乏系统性。需要解决的主要问题是临时性、偶然性的决策问题。信息化环境下，要求按照系统的观点认识和对待财务决策及财务控制，即作出任何一项决策时，不能仅考虑单项决策最优，而应该更多地考虑系统最优；财务控制不仅考虑对某个业务处理环节的控制，而且要按照系统控制的要求，从系统整体目标出发，自顶向下，层层分解，考虑控制的影响深度和宽度。

第二节 财务管理信息系统的建设

一、财务管理信息系统的基本概念

（一）财务管理信息系统的定义

按照管理信息系统的划分方式，可以将传统的信息系统分为TPS（事务处理系统）、MIS（管理信息系统）、DSS（决策支持系统）和AI/ES（人工智能/专家系统）四个层次。

TPS 完成企业活动基本事件的信息记录和存储，MIS 系统完成信息的整理、合并和简单的分析，DSS 系统负责面向企业高层提供辅助决策的相关信息，而 AI/ES 系统则根据所掌握的信息及时作出反馈并进行管理和控制。完整的财务管理信息化实际上实现了 DSS 系统和 AUES 系统在财务管理方面的有机集成。不仅要求根据 MIS 系统提供的数据生成辅助决策的信息，更要求通过系统控制实现对财务的管理和控制过程的集成。

当前理论界并没有对财务管理信息系统的定义形成一个统一的认识和说法。从系统论的角度出发，财务管理信息系统的定义应该包括：财务管理信息系统的功能、财务管理信息系统的构成要素和财务管理信息系统的目标。

第一，财务管理信息系统的功能可以概括为财务决策和财务控制两个方面，这也是现代财务管理活动最基本的职能，其他的职能都可以理解为是上述两个职能的派生。

第二，财务管理信息系统的构成要素包括信息技术、数据、模型、方法、决策者和决策环境。

第三，财务管理信息系统的目标服从于企业财务管理的目标，即企业价值最大化。但财务管理信息系统对企业价值最大化目标的支持是通过决策支持来体现的，因此，可以将财务管理信息系统的目标定位于支持实现企业价值最大化的决策活动。与传统的信息系统不同的是，财务管理信息系统的终极目标不是单纯地提供信息，而是支持决策活动和控制过程。

按照以上分析，可以对财务管理信息系统下这样的定义，即基于信息技术和管理控制环境，以支持实现企业价值最大化的财务决策活动为目标，由决策者主导，获取决策所需数据，应用数学方法构建决策模型，完成财务决策过程，并将决策转化为财务控制，并对业务活动加以控制的管理信息系统。

在很长一段时间以来，财务管理信息系统都没有得到明确的认识，提出的"理财电算化"概念的实质就是利用工具软件建立财务管理分析模型。"理财电算化"概念还容易产生误解，让人以为财务管理的信息化过程仅仅代表计算机在财务管理中的应用。财务管理信息系统概念的提出有助于澄清上述较为偏颇的概念，从而按照系统论的思想构建财务管理信息系统。而且，随着信息化水平的逐渐提高，建立系统化的财务管理信息系统的条件已经成熟。

(二) 财务管理信息系统的特点

从财务管理信息系统的定义可以看出，财务管理信息系统的特点主要表现在以下几个方面。

1. 开放性和灵活性

为了适应多变的决策环境和企业不同的财务管理模式，财务管理信息系统必须具有高度的开放性和灵活性。具体表现在：一是财务管理信息系统应支持异构网络、支持不同的数据库管理系统；二是允许用户自定义决策过程和控制流程，实现企业财务管理的流程重组和构建；三是具有较强的可扩展性和可维护性，支持动态财务管理过程。

2. 决策者主导性

在较为低端的信息系统中，如事务处理系统中，信息系统可以实现高度的自动化处理。但在财务管理信息系统中，由于其面向企业高层服务，决策活动中不可避免地存在大量的分析、比较和智能化的处理过程，因此，决策者将是财务管理信息系统的主导。同时，财务管理信息系统是以用户需求为驱动的，必须将信息系统的主导权交给信息需求者。

3. 动态性

财务管理活动取决于财务管理环境，而管理环境是不断发展变化的。企业战略的不同决定着企业财务决策策略和控制策略存在着较大的差异，比如，市场领导者和市场追随者会选择不同的企业战略，进而影响企业财务管理决策策略和控制策略。因此，财务管理信息系统缺乏标准化的流程，各企业间可参照性较弱，也就决定了财务管理信息系统是一个动态的系统，必须随着企业的成长与财务管理环境的变化不断发展和完善。

4. 与其他管理信息系统联系紧密

必须要明确财务管理信息系统是企业信息化系统中的重要组成部分。财务管理信息系统具有较高的综合性。首先，财务决策所需的基础数据包括的近期数据和历史数据均来自相关的信息系统，财务管理信息系统必须实现和其他业务信息系统的集成或数据共享；其次，财务控制的执行依靠各业务处理子系统来完成，必须有足够的能力保证财务计划、指标、预算和各项控制措施"嵌入"信息系统，并最终发挥实际的控制作用。

（三）财务管理信息系统的基本运行模式

财务管理信息系统运行的基本模式包括财务管理决策环境分析、财务管理决策制定过程、财务管理决策实施过程和财务管理控制评价过程，它们共同基于一定的企业环境和信息技术环境，且相互联系形成基本的财务管理信息系统运行模式。

1. 第一阶段：财务管理决策环境分析

财务决策环境主要完成财务决策风险评估，确定决策目标，并明确财务决策所面临的约束条件，识别达到决策目的的关键步骤。这一阶段是财务决策的准备阶段。在信息系统环境下，借助于信息技术平台，可以获得相应的信息，并把这些信息引入决策过程。

2. 第二阶段：财务管理决策制定

决策制定阶段完成决策模型的构建过程，并通过决策模型调用模型计算方法，获取决策所需的数据，在众多的方案中，通过模型比较分析，确定最佳的解决方案，并根据方案生成计划、指标和控制标准。

3. 第三阶段：财务管理决策实施

执行阶段，编制预算，并实际配置资源，随时记录决策执行过程，包括执行进度、预算执行、资源消耗情况，并随时进行反馈和比较。

4. 第四阶段：财务管理控制评价

评价阶段，若评价结果与预期控制指标有偏差，则应分析该偏差产生的原因，若属于系统误差，则需考虑执行计划编制是否有误；若不属于系统误差，则需要调整具体的执行过程；若进一步判断属于决策失误，则需要重新进行决策；若决策正确，而执行仍然存在偏差，则需要对决策环境重新评估。

在实际的财务管理信息系统中，第三阶段和第四阶段往往集成于具体的业务处理系统中，财务管理信息系统具备和业务处理系统的数据接口或共享的集成化控制平台，从而保证了财务管理信息系统职能的发挥。

二、按体系建构建设网络财务管理系统

（一）网络财务的实施

1. 网络财务发展的法律基础

网络财务的诞生和发展除了要有一定的技术基础外，一些相关法规的制定也为其实施提供了广阔的发展空间。财政部颁发的《会计电算化工作规范》中明确指出，有一定硬件基础和技术力量的单位，都要充分利用现有的计算机设备建立计算机网络，作到信息资源共享和会计数据实时处理。会计法中增加了建立网上销售核算内部控制制度的规定，这样就使得网络财务模式的建立更有法可依。有了法律的明文规定，网络财务的安全和权限问题将得到大幅度改善。此外，会计法对各行业和各地域会计制度进行了统一。但对于跨地域的大型企业来说，不

同地域会计准则的一致性将成为网络财务能否发挥极大威力的关键因素。网络财务是个新生事物,针对如何具体在网络财务的程序和方法上操作,如何实施内部控制,如何提供财务报告,怎样保障财务信息真实性等一系列问题,还没有相应的法规予以规范,理论界和实业界也都处于探索阶段。

综上所述,网络财务是对财务管理的延伸发展,是一门新兴学科,对传统财务管理提出了世纪性的挑战,是推动我国经济发展的强劲动力。

2. 网络财务的实施途径

(1) 网络财务软件

网络财务软件是指基于网络计算技术,以整合实现电子商务为目标,能够提供互联网环境下的财务管理模式、财会工作方式及其各项功能的财务管理软件系统。

(2) 网上理财服务

网上理财服务是指具备数据安全保密机制,以专营网站方式在网上提供的专业理财服务。网上理财服务的具体体现是网上自助式软件的应用,它是 ASP(Active Sever Page)活动服务主页的一种重要服务方式。

3. 网络财务的实施方案

首先,根据自身的实际情况进行需求分析,确定到底要利用网络财务系统完成哪些工作。其次,根据企业需求进行网络方案设计。目前常用的高速网络技术有快速以太网、FDDI 分布式光纤数据接口、ATM 异步传输模式、千兆位以太网。网络财务还是一个新兴的领域,其实现没有固定的模式,因此,要依据企业的不同情况"量体裁衣"。

(二) 网络财务安全

只有保证网络系统的安全才能以此为基础促进网络财务的不断发展和完善。网络财务使原来的单一会计电算化系统变成一个开放的系统,而会计业务的特点又要求其中的许多数据对外保密,因此,安全就成为网络财务中备受用户关注的问题。由于财务涉及资金和公司机密等,任何一点漏洞都可能导致大量资金流失,应对其传递手段和储存工具要求严格,要从技术和法律上为它创造一个安全的环境,抵抗来自系统内外的各种干扰和威胁。例如,在技术上加强对网上输入、输出和传输信息的合法性、正确性控制,在企业内部网与外部公共网之间建立防火墙,并对外部访问实行多层认证;在网络系统中积极采用反病毒技术;在系统的运行与维护过程中高度重视计算机病毒的防范,以及采取相应的技术手段与措施;及时做好备份工作。备份是防止网络财务系统意外事故最基本、最有效的手段，包括硬件备份、系统备份、财务软件系统备份和数据备份四个层次。发展适合网络财务的新技术是网络财务发展的基础。

从立法角度来说，为了保证网络财务安全应该建立健全电子商务法律法规，规范网上交易、支付、核算行为，并制定网络财务准则。此外还必须有第三方对安全进行确认，即建立网络安全审计制度，由专家对安全性作出相应评价。

（三）网络财务系统

信息技术不断发展，以此为基础建立起了财务系统，当前需要借助这一系统才可以完成财务信息的处理，而财务系统的特定目标和功能的实现要靠一定的会计数据处理技术的运用。随着科学技术的进步，会计数据处理技术不断发展变化，经历了从手工处理到机械处理再到计算机处理的发展过程，财务系统也随之经历了从手工财务系统到机械化财务系统再到电算化财务系统的发展过程。

电算化财务系统可以很大程度上提高会计效率，具体来说，电算化财务系统是指以计算机为主的当代电子信息处理技术为基础，充分利用电子计算机能快速、准确地处理数据的特性，用计算机代替手工进行会计数据处理并部分代替人脑运用财务信息进行分析、预测和决策等的财务信息系统。

20世纪70年代末，我国财会工作者将计算机应用于会计工作，并由此提出了"会计电算化"这一具有中国特色的会计术语，其实质就是电算化财务系统。需要指出的是，当时的电算化财务系统仅仅是将人、纸质凭证、算盘等构成手工财务系统的要素改变成了人、磁介质数据、计算机等，仅仅是用计算机代替了人脑的计算、储存，并没有突破财务部门内部的范围，没有实现与其他部门及企业的连接，还是一种封闭式的工作方式，信息孤岛问题较为突出。从20世纪90年代开始，一方面，计算机技术从单机逐渐向局域网及互联网方向发展；另一方面，企业已不再满足于电算化核算，而是希望进一步实现财务控制、管理和决策支持的计算机化，网络财务系统也就应运而生了。

随着网络的不断发展，电算化财务系统也得到了一定发展，以此为基础形成了网络财务系统，该系统是基于电子商务背景，以网络计算技术为依托，集成先进管理思想和理念，以人为主导，充分利用计算机硬件、软件、网络基础设施和设备，进行经济业务数据的收集、传输、加工、存储、更新和维护，全面实现各项会计核算及财务管理职能的计算机系统。一方面，网络财务系统对外可安全、高效、便捷地实现电子货币支付、电子转账计算和与之相关的财务业务电子化，对内可有效地实施网络财务监控和管理系统。另一方面，网络财务系统是一个可对物流、资金流和信息流进行集成化管理的大型应用软件系统。

网络财务系统是一个人机系统,它不但需要硬件设备和软件的支持,还需要人按照一定的规程对数据进行各种操作。网络财务系统的构成要素与电算化财务系统相同,包括数据、硬件和软件、规程及人员,只是在具体内容上更为丰富,具体如下所示。

1. 数据

网络财务系统的数据来自企业内、外部的多个渠道,主要包括:外部环境数据,如宏观经济数据、消费者偏好数据等;外部交易数据,即企业与其他企业或个人发生的经济业务,如采购业务和销售业务;内部业务数据,如发放工资、产成品入库等;会计核算数据,如往来业务核算、成本核算、期间费用核算等。

2. 硬件和软件

网络财务系统主要由服务器、工作站、移动终端及其他办公设备通过网络通信设备联网组成,这些设备就是系统硬件。而网络财务系统的硬件要发挥作用,必须有一套与硬件设备匹配的软件支持。网络财务系统的软件包括系统软件和应用软件。系统软件是指管理、监控和维护计算机资源的软件,包括操作系统软件、通信软件、数据库管理软件和系统实用软件等。应用软件是指为了解决用户的实际问题而设计的软件,如通用网络财务软件和专用网络财务软件。

3. 规程

网络财务系统的规程包括两大类:一类是政府的法令、条例等;另一类是维持系统正常运转所必需的各项规章制度,如岗位责任制度、操作管理制度、软硬件维护制度、安全保密制度等。

4. 人员

网络财务系统的核心人员包括两类:一类是系统开发人员,包括系统分析员、系统设计员、系统编程和测试人员等;另一类是系统的使用人员,包括系统管理员、系统维护人员及系统操作人员等。除此之外,向系统提供信息的各种人员,如供应商、客户、政府主管部门人员及分析师等也是网络财务系统不可缺少的运行要素。

(四) 网络财务信息系统

1. 网络财务信息系统的构成

网络财务信息系统是以信息技术为支持的人机结合的系统,该系统不仅需要计算机硬件、软件、网络通信设备的支持,还需要人在一定的规程下充分利用它们进行各项操作。因此,网络财务信息系统的主要构成要素包括数据、硬件和软件、规程及人员。

按照网络财务信息系统的功能，可以将其划分为会计核算系统、财务管理信息系统和财务决策信息系统这三个层次。我国目前应用的财务软件大都处于会计核算系统这个层次。

2. 网络财务信息系统的主要特点

（1）强大的远程处理能力

网络财务软件从设计到开发应用都定位在网络环境的基础上，使得跨地区、跨国界的财务核算、审计、管理和贸易成为可能。同时，网络化管理将使企业的各种财务信息得到快速便捷的反映，最终实现财务信息的动态实时处理和财务的集中式管理，便捷的远程报账、远程报表、远程查询和审计。

（2）高效率的集中式管理

互联网的出现，使集中式管理成为可能。

（3）与现代信息技术的高度融合

按信息处理的要求，充分利用现代信息技术，对企业的会计工作流程、方式和方法进行了重新构建，以适应企业瞬息万变的管理要求。

（4）高度实时化的动态核算系统

传统会计是一个静态的、事后反映型的核算系统，而网络财务的发展将改变这一历史，变传统的事后静态核算为高度实时化的动态核算。

（5）与业务管理系统的高度协同

包括与企业内部的协同、与供应链的协同、与社会相关部门的协同，如网上银行、网上保险、网上报税等。

3. 网络财务信息使用者的需求

在网络环境下，信息使用者对会计信息提出了新的需求。网络财务系统应能满足信息使用者的以下需求。

（1）信息可定制性

系统可以根据信息使用者的要求，从不同的角度提供个性化的财务信息。

（2）信息实时性

系统能根据信息使用者的要求实时披露财务信息。

（3）信息共享性

通过网络获取财务信息，可使得财务信息的再利用更加方便，可提高信息利用效率，减少信息不对称性。

（4）信息多样性

财务信息系统在内容上应能提供财务的和非财务的、定量的和定性的使用者想知道的信息；在计量属性上，应从单一的历史成本计量属性到历史成本、现行成本、可变现净值等多重计量属性并存；在列表形式上，应从单一信息媒体到文、图、音、像等多种信息媒体并存。

（五）网络财务报告

1. 网络财务报告的内涵及层次

网络财务报告的内涵处于动态变化状态，会随着环境变化和技术发展而不断变动。在现有技术条件下，网络财务报告是指企业通过网络披露企业各项经营业务与财务信息，并将反映企业各种生产经营活动和事项的财务报告存储在可供使用者随时查阅的数据库中，供使用者查询企业的财务状况、经营成果、现金流量及其他重要事项。网络财务报告分为以下三个层次。

（1）按需定制的财务报告

这是网络财务报告的高级阶段，指以披露通用目的财务报告为基准，进一步披露企业经过编码的经济事项源数据。可根据用户的选择自动定制用户所需的财务报告。随着 XBRL 分类体系构建完毕，经过测试并广泛投入使用，定制报告模式也成了现实。

（2）实时财务报告

实时财务报告是指整个会计循环通过网络自动完成，从原始数据的录入到数据处理再到生成财务报告都通过联网的计算机来完成。在这一阶段，用户可随时获得实时报告信息。

（3）在线财务报告

在线财务报告是指企业在国际互联网上设置网站，向信息使用者提供定期更新的财务报告。

2. 网络财务报告的新模式 XBRL

XBRL 就是可扩展财务报告语言，是一种全新的云语言，XBRL 基于可扩展标记语言（XML）框架，专门为公司编制和发布网络财务报告而服务。有了 XBRL 就能够实现按需定制的目标，也能整合财务信息供应链上各方的利益。微软是第一家以 XBRL 格式进行财务报告的高科技公司。使用者可以使用 XBRL 在线数据库进行数据分析。目前，我国深圳证券交易所和上海证券交易所已经开始使用 XBRL 格式进行财务报告的编制。在两大证券交易所网站上，信息使用者都可以直接获取多样化的财务报告，可以进行财务指标分析、数据查询、财务信息分析，从而满足使用者多样化的需求，对其进行正确决策起到很大的帮助作用。基于 XBRL 的网络财务报告具有以下几个显著特点。

（1）可以允许使用者跨系统平台传递和分析信息，降低信息重新输入的次数。

（2）以标准化的标记来描述和识别每个财务信息项目，即为每个财务项目定义标记（Tags），使财务报告的编报标准趋向统一。

（3）无须改变现存的会计规则，也无须公司额外披露超出现有会计规则要求的信息，只是改进了编制、分析与发布企业报告信息的流程。

（4）可以编制、发送各种不同格式的财务信息，交换与分析财务报表中所含的信息。

3. XBRL 网络财务报告的信息披露

按照财务信息披露的规则，XBRL 科学分解财务报告的内容，使其成为不同的数据元，再根据信息技术规则给数据元赋予唯一的数据标记，从而形成了标准化规范。以这种语言为基础，通过对网络财务报告信息的标准化处理，可以将网络财务报告中不能自动读取的信息转换为一种可以自动读取的信息，大大方便了对信息的批量需求和批量利用。XBRL 网络财务报告的信息披露包括以下几个层次。

（1）第一层次对传统会计报表内容进行披露，包括资产负债表、损益表、现金流量表及其附注。

（2）第二层次对传统会计报表以外的财务报告进行披露。如设立专用报告专区，针对不同的使用者或使用者集团进行披露。考虑到不同类型使用者之间的信息差别，应有选择地和重点针对特定使用者披露特殊信息，提供内容（或时间）上有差别的报告。

（3）第三层次对一些在传统会计报表基础上扩展出来的信息进行披露。如对在企业的生存与发展中占举足轻重地位的智力资源信息或类似的知识资本进行披露；对不符合传统会计要素定义与确认的标准，且不具有实物形态的衍生金融工具信息进行披露。

（4）第四层次对一些非财务信息进行披露。非财务信息是指诸如企业背景、企业关联方信息、企业主要股东、债权人及企业管理人员配备的信息。为了增加企业信息的透明度、增加受托责任与诚信度，还要对具体的公司信息进行披露，如战略、计划、风险管理、薪酬政策等信息。

（5）第五层次主要是指对以多媒体技术在公司网站上提供股东大会、董事会或其他重要会议的现场纪实的录像或录音等信息的披露。在网站上进行多层次信息的披露，除了应提供当年的信息数据外，为了满足信息使用者的需要，还可以提供历史的数据，其内容也以多层次的信息模式为依据。

运用 XBRL 可以有效地提高信息披露的透明度，解决信息不对称的情况，同时还可以在很大程度上提高财务报告信息处理的效率和能力。它的应用必将会给我国财务报告的披露带来历史性的变革，成为企业财务报告的发展趋势。

（六）网络财务成本控制

网络财务软件可全面归集成本数据，具有成本分析、成本核算、成本预测的功能，可以很大程度上满足会计核算的事前预测、事后核算分析的需要，还可以分别从总账、工资、固定资产、成本系统中取得各种成本费用数据。

成本管理模块可以从存货核算、工资管理、固定资产管理和总账中自动提取成本数据。每个成本的期间数据都会同步自动产生。在成本计划方面，可以编制全面的成本计划，待成本核算工作结束后，针对此计划的成本差异分析结果就会自动产生。在成本预测及分析方面，可以作出部门成本预测和产品成本预测。

（七）网络审计

随着信息技术的不断发展，财务信息存储的电子化、网络化，财会组织部门的扁平化，内部控制形式的变化等使得对审计线索、审计技术、审计方法、审计手段、审计标准，以及对审计人员的知识结构、技能的要求发生了重大的变化。网络审计将成为在网络财务环境下进行审计工作的必然趋势。网络审计面对的企业内部环境是集成化的信息系统，它的合理性、有效性、安全程度直接影响到审计工作的质量和效率，如硬件设备的稳定性、兼容性、软件本身质量的高低及对企业实际情况的适应性等。而这些又受技术和人为的诸多因素影响，即审计环境中的不确定因素增加了，从而增加了审计的风险。

利用网络通信系统，建立网络化的审计机制，可实现账簿文件的在线式随机审计，即管理层或审计机构可以通过网上授权，提取被审单位的会计信息，审计经营单位财务数据的真实性和有效性。这种机制对各经营单位产生了严格的制约作用，可更加有效地防范经营单位弄虚作假，推迟做账等。实现联机方式下的在线式的随机审计，可加强监管力度，减少审计过程中人为因素的干扰，而且审计的时点可由审计人员随机决定，无须事先通知被审计单位，这大大降低了监管成本。网络审计在现阶段还只是起步阶段，对许多问题尚无很好的解决办法，如财务数据结构的不统一等，但网络审计是未来的发展方向，这是不容置疑的。

参考文献

[1] 刘媛，姜剑，胡琳．企业财务管理与内部审计研究［M］．郑州：黄河水利出版社，2019．

[2] 周凤莲，刘莉，王洁．企业财务管理创新与现代内部审计研究［M］．长春：吉林大学出版社，2018．

[3] 周浩，吴秋霞，祁麟．财务管理与审计学习［M］．长春：吉林人民出版社，2019．

[4] 张丽，赵建华，李国栋．财务会计与审计管理［M］．北京：经济日报出版社，2019．

[5] 邓春贵，刘洋洋，李德祥．财务管理与审计核算［M］．北京：经济日报出版社，2019．

[6] 胡娜．现代企业财务管理与金融创新研究［M］．长春：吉林人民出版社，2020．

[7] 郭艳蕊，李果．现代财务会计与企业管理［M］．天津：天津科学技术出版社，2020．

[8] 田瑞，张楠．企业财务管理［M］．北京：国家开放大学出版社，2020．

[9] 李传军，李强．企业财务管理［M］．北京：清华大学出版社，2020．

[10] 李剑飞．企业财务管理与价值评估［M］．延吉：延边大学出版社，2020．

[11] 王玉珏，聂宇，刘石梅．企业财务管理与成本控制［M］．长春：吉林人民出版社，2019．

[12] 李俊秀. 企业财务管理的转型与创新研究［M］. 昆明：云南人民出版社，2019.

[13] 罗进. 新经济环境下企业财务管理实务研究［M］. 北京：中国商业出版社，2019.

[14] 赵欣宇，王玮. 企业财务与预算管理［M］. 汕头：汕头大学出版社，2019.

[15] 武建平，王坤，孙翠洁. 企业运营与财务管理研究［M］. 长春：吉林人民出版社，2019.

[16] 沙亦鹏. 万众创新时代下的企业创新与财务管理［M］. 上海：同济大学出版社，2019.

[17] 董俊岭. 新经济环境背景下企业财务会计理论与管理研究［M］. 北京：中国原子能出版社，2019.

[18] 徐静，姜永强. 企业财务管理与内部控制体系构建［M］. 长春：吉林出版集团股份有限公司，2018.

[19] 张惠忠. 企业财务管理［M］. 沈阳：东北财经大学出版社，2018.

[20] 张显国，夏金平. 企业财务管理实务［M］. 北京：北京出版社，2018.

[21] 李伟，谢萍，杨敏. 企业财务与管理创新［M］. 延吉：延边大学出版社，2018.

[22] 李瑞. 中小企业财务管理研究［M］. 北京：北京工业大学出版社，2018.

[23] 杨保军，王健华，程小琴. 企业财务管理案例评析［M］. 银川：宁夏人民教育出版社，2017.

[24] 王小沐，高玲. 大数据时代我国企业的财务管理发展与变革［M］. 长春：东北师范大学出版社，2017.

[25] 刘珣. 企业财务危机管理研究［M］. 武汉：武汉大学出版社，2017.

[26] 王明虎. 企业集团财务管理教程［M］. 上海：立信会计出版社，2017.

[27] 张红英. 内部审计［M］. 厦门：厦门大学出版社，2020.

[28] 张庆龙. 内部审计学［M］. 北京：中国人民大学出版社，2020.

[29] 王海兵. 内部审计学［M］. 北京：高等教育出版社，2020.

[30] 邱银河. 内部审计要素［M］. 北京：中国财政经济出版社，2020.

[31] 秦荣生. 现代内部审计学［M］. 2版. 上海：立信会计出版社，2019.

[32] 胡玉玲. 内部控制与内部审计［M］. 哈尔滨：哈尔滨地图出版社，2019.